阅读从童年开始

少儿经典必读

丛书主编◎芳园

孙子兵法与三十六计

[春秋] 孙武等◎著

天津出版传媒集团

天津人民出版社

图书在版编目（CIP）数据

孙子兵法与三十六计：彩色典藏版 /（春秋）孙武
等著 . -- 天津：天津人民出版社 , 2015.10
（七彩书坊 / 芳园主编）
ISBN 978-7-201-09698-8

Ⅰ . ①孙… Ⅱ . ①孙… Ⅲ . ①兵法－中国－古代－青
少年读物 Ⅳ . ① E892.25-49

中国版本图书馆 CIP 数据核字 (2015) 第 221895 号

天津人民出版社出版

出版人：黄　沛

（天津市西康路 35 号　邮政编码：300051）

邮购部电话：（022）23332469

网址：http://www.tjrmcbs.com

电子信箱：tjrmcbs@126.com

三河市兴国印务有限公司印刷　新华书店经销

2015 年 10 月第 1 版　2015 年 10 月第 1 次印刷

690×960 毫米　16 开本　20 印张　字数：300 千字

定价：69.00 元

　　有人说，战争是邪恶的根本，同时也是捍卫正义的最佳武器。没有战争就没有统一，没有战争就没有发展。当然我们在此并不是呼吁战争，而是在了解战争邪恶一面的同时，也要知道它存在的重要性。战争并非特指人类之间的相互残杀，也可以是人类与大自然，人类与侵略地球的生物等的相互斗争。

　　古往今来，生命从来没有停止过战争，看似祥和的世界危机四伏，这是因为人类的身体太脆弱了，任何不经意的伤害都会给人类带来致命的打击。人类之所以能从自然界最为脆弱的动物走到世界的主宰行列，在于人类了解智慧的重要性。人类凭借自己的智慧，依靠勇敢，通过一次次战争夺得了主宰权。我们所熟知的《孙子兵法》与《三十六计》就是被中国前人视为在战争方面最高智慧的两部典籍。

　　《孙子兵法》与《三十六计》，获得了全世界人的共鸣。在竞争激烈的今天，如果生命想要获得成功，那么必定要掌握一定的智慧。每个人都应该掌握一定的生存智慧，学生时期正是培养智慧的重要时期。送孩子一本书，在这精神食粮中，他会从中获得生存的技巧，就像人类最初争夺生存空间一样，丰盈了他的生存智慧，才是给予他最好的礼物。

《孙子兵法》与《三十六计》里的智慧是取之不尽用之不竭的，很多世界级企业已经将这两本书列为公司员工必读书目。今天我们将这两本书合二为一，编辑出一本适合小学生的读物。其中我们避免了长篇的理论，精选主旨理论点，通过实例进一步对其解析，以简洁易懂为根本。

　　《孙子兵法与三十六计》通过历史故事来解析其中的智慧，可使小学生在轻松阅读时获得智慧。愿此书开启智慧之门，送给孩子一个斑斓人生。

孙子兵法

三十六计

孙子兵法与三十六计

目录

远而示之近。

用，近而示之远，

能，用而示之不

故能而示之不

兵者，诡道也。

孙子兵法

始计篇

此篇为《孙子兵法》的第一篇，总揽全书的纲。它所阐述的是军事领域最基本的问题和法则，具有最大普遍性；它所阐述的基本思想和基本原则，贯穿于全书各个篇章之中

【孙子兵法】 计谋妙解

原文 兵者①，国之大事，死生之地，存亡之道，不可不察也②。

注释

①兵：古时泛指兵器。本文中特指军事。②察：考察研究。

译文

军事是每个国家的大事，关乎军民的生死，关乎国家的存亡，一定要认真地研究。

计谋应用

吴起用兵

　　公元前392年，齐国兴兵进犯鲁国。在慌乱中鲁穆公任用吴起为将，率领2万军队前去御敌。吴起对于齐鲁双方情况进行了准确的分析，认为齐军虽然是远道而来，但士气旺盛，想要打败对方必须疲其筋骨，挫其锐气。吴起将军队驻扎在防御地点后，便组织士兵安营扎寨，筑造防御。不管齐国军队如何引诱挑战，鲁国军队都坚守不出。齐军主将猜不透吴起用意，假意讲和，以探虚实。吴起看穿了齐军主将的心思，于是将计就计。

他将部队中的精锐全部隐藏起来，让上了年纪的士兵和疲弱的士兵在齐使者看得见的地方活动。吴起对前来谈判的齐国使者设宴热情款待。齐使者回去后，将在鲁国军营中的所见所闻向齐军主将作了汇报。齐军主将便认为鲁军弱小而且没有斗志，不敢应战，于是准备3天之内攻鲁。吴起将齐军使者送走后，率精锐部队悄悄地尾随齐使，神不知鬼不觉地来到齐军营地，对齐军发动袭击。面对突如其来的鲁国军队，齐军才刚刚从梦中惊醒，慌忙组织抵抗。鲁军快速杀到统帅帐前，齐军主将率领残部逃走。

从这个故事中我们可以看出吴起善用诡道：最开始他坚守不战，并同意和谈，后来又将一些老弱兵士一览无余地推在齐军使者眼前，给齐军造成"怯"与"弱"的假象，麻痹敌方将士，然后率领精锐部队出其不意地向齐军猛攻，从而获得了全胜。

秦国蚕食列国

距今两千多年前的战国时期战争空前激烈，中原国家相互竞争霸主之位。经过常年的争夺与拼杀，战国七雄定格在历史的画面上，每个国家的国力以及军事的强弱次序逐渐明朗。当时，在西方崛起的秦国所具有的优势渐渐压倒山东六国，秦国经常对山东六国进行攻击，因此这六国渐渐衰落下来。山东六国为了躲避被强秦蚕食而灭亡的命运，便相互联合起来，组成合纵阵线共同抵抗秦国的猛烈进攻，这一合纵政策的实施，的确起到了阻止秦国东进步伐的作用。秦国面对如此的局势显得非常不安，为了打破山东六国的合纵，也开始以连横阵线破坏合纵阵线，并且成功地实施了远交近攻的政策，在这一政策的实施下，距离秦国比较近的韩、魏等国频频遭到攻击。

战国后期，楚、齐、赵三国在山东六国中的力量相对强大一些。到了战国末期，楚国在秦国强大的军事打击下逐渐走向灭亡，赵国经过秦国发动的长平之战后实力也大为减弱。这一时期只有齐国的军事力量比其他国家稍微强一些。此时，秦国意图吞并山东六国，一统天下的目的已经是十分明显了。经过常年征战，秦国已经在东方卫国的旧地建立了根据地，这个根据地建立的主要目的是针对韩、魏等国，而韩、魏等国也忙于应付秦国的进攻，如此一来使处于最东边的齐国战事大为减少。同时，秦国实行的远交近攻政策也深深地影响了齐国，在这种政策的实施下，秦国逐渐将山东六国蚕食。

【孙子兵法】 计谋妙解

 兵者，诡道也①。故能而示之不能②，用而示之不用③，近而示之远，远而示之近。

注释

①诡道：是指欺诈的方法与计谋。②示：本文指的是伪装地显示。③用：本书特指用兵。

 译文

指挥军队战斗本就是互相欺骗的行为，要懂得兵不厌诈。因此，能打时，要装作不能打；要打时，要装作不想打；要向对方用兵之时，要装作向远方退却的样子；想要往远处调兵之时，要假装往近处前进。

孙子兵法

孙膑诱敌深入

公元前341年，魏将庞涓在陷害孙膑后就一直骄傲轻敌，认为世上除了孙膑之外，在兵法方面再也没有人能比得上自己，而孙膑又已经疯了。后来孙膑逃到了齐国，隐姓埋名做了齐国的军师。魏国与齐国之间发生了战争，在田忌与孙膑的指挥下魏将庞涓在桂陵之战中惨败，此后他一直急于复仇雪耻。孙膑便是利用庞涓的这一心理对庞涓进行打击。

后来在魏齐的战争中孙膑再次与庞涓对阵。孙膑的军队刚刚与魏军相遇便不战自退，庞涓发现齐军不战自退，认为齐军势弱怯战，便在没有进行部队休整的情况下，迫不及待地追击齐军。孙膑为了进一步迷惑魏军，

助长其傲气，便在退军的3天之内故意减少军队吃饭的锅灶以显示己方的怯弱。

第一天，庞涓追到齐军宿营地时，发现一共有10万个灶；第二天，庞涓再次追到齐军的宿营地之时，发现只剩下5万个灶；第三天，庞涓发现齐军营地的灶仅仅剩下3万个。

短短3天的时间中减少了7万个灶。庞涓没有识破孙膑的诱敌之计，他一直错误地认为一定是齐军士兵大量逃亡，士气低落所致，于是丢下步兵和辎重，只率轻骑部队昼夜兼程，追击齐军。然而这一切都是孙膑的计谋，他早已在马陵道布置好了伏击庞涓的战场，并最终将魏军全部歼灭，庞涓也因智穷兵败而刎颈自杀。

草船借箭

公元208年，曹操率领80万大军攻打蜀国，刘备节节败退，大军渐渐逼近东吴的领土。东吴孙权为了自身利益，打算与刘备结成联盟，共同抗击曹军。

当时，蜀国前去东吴的使者是诸葛亮，东吴的军队掌权者为周瑜。周瑜发现诸葛亮处处高自己一筹，以后诸葛亮将会成为东吴的劲敌，于是他一直在寻找机会想要杀掉诸葛亮。

一天，周瑜请诸葛亮监造10万支箭。诸葛亮非常爽快地答应了，并且立下军令状保证3天完成。周瑜暗自高兴，心想："3天时间造10万支箭，除非是神仙转世，这次是你自己找死。"

诸葛亮在立下军令状后，接连两天抚琴听乐，根本没有安排军士造箭。第三天，诸葛亮找到东吴谋士鲁肃，请鲁肃拨给快船20只，每只船上放满穿有衣服的草人，然后把鲁肃请到船中，在当晚四更时分，命士兵将20只船开到曹军前。此时，长江水面浓雾迷漫，对面看不见人。诸葛亮命令士兵们将船头西尾东一字排开,并且命令士兵们擂鼓呐喊。曹军听到震天惊地的鼓声,认为是敌军前来偷袭,纷纷放箭,不多时间,船上的草人已经全部插满了箭。鲁肃大惊,怕曹军赶来,诸葛亮劝鲁肃只管在船舱内饮酒谈笑。诸葛亮命令士兵们再把船头东尾西一字排开,又一次紧逼曹军受箭。

日出时分,浓雾渐渐散去,这时候每只船上都已经插满了箭,诸葛亮命令士兵大声向曹丞相致谢,曹操才发现中计了。

每条船上有五六千支箭,20条船整整10万支箭。鲁肃对诸葛亮更加佩服,同时心生奇怪地问:"先生如何得知今天会有大雾?"

诸葛亮微微一笑回答道:"作为一名将军却不通天文,不识地理,不晓阴阳,那只是个庸才。"

鲁肃将诸葛亮"草船借箭"的经过详细地告诉了周瑜,周瑜感叹道:"诸葛亮果真神机妙算,我比不上他啊!"

 【孙子兵法】 计谋妙解

原文 夫未战而庙算胜者①，得算多也；未战而庙算不胜者，得算少也。

 注释

①庙算：庙，意为庙堂。庙算是指人们在庙堂里进行的计算与谋划。

译文

出兵征战之前，一方的统帅都要在庙堂之上进行周密的谋划。如果从中得出的结论是我方占有的有利条件多，胜算比较大，那么在战争中取胜的机会便多一些；相反，如果结论为我方占据的有利条件少，胜算也比较小，那么取胜的可能性也就会很小。

白登之围

公元前 200 年冬天，汉高祖刘邦为了巩固初建的汉王朝，亲自率领 32 万大军出征，同时镇压韩王信叛乱。汉军到达太原郡后，接连取得了几场胜利，特别是铜鞮一战，大获全胜，叛军伤亡惨重，韩王信部下将领王喜被汉军杀死，韩王信也逃奔匈奴。此时，韩王信手下的将领王黄等拥立战国时赵国后代赵利为王，收拢残兵败将，准备与匈奴合谋再次攻击汉朝。

匈奴派左、右贤王各自带领 1 万多骑兵与王黄等屯兵广武以南至晋阳一带，企图阻挡汉军北进。后来，汉军在晋阳打败了韩王信与匈奴的联军，乘胜追至离石，又一次击败韩王信与匈奴的联军。汉军节节胜利，士气高昂的同时也产生了麻痹轻敌的思想。刘邦到达晋阳后，听说匈奴驻兵于代谷，派出使臣多批出使匈奴，匈奴将自己的

精锐部队隐藏起来，一些老弱残兵被派往阵前。回来的使臣都报告说匈奴可以攻击。刘邦派刘敬再次出使匈奴，刘敬发现了其中的问题，便向刘邦报告说不适合此时攻击。刘邦听后大骂刘敬，并将刘敬囚禁在广武城，准备胜利后对其处罚。

刘邦率领骑兵火速赶往平城，汉军步兵都还没有赶到。匈奴首领发现汉兵蜂拥赶来，于是在白登山设下埋伏。刘邦兵马进入包围圈后，匈奴首领便指挥40万大军截住汉军步兵，将刘邦的兵马围困在白登山，使汉军内无粮草、外无援兵。刘邦多次组织突围，都没有成功。

这时正是隆冬季节，天寒地冻，汉军士兵不习惯北方生活，很多人被冻伤。匈奴将刘邦围困了七天七夜，也没有占领白登。

后来陈平出计贿赂匈奴阏氏，阏氏为皇后，她劝说匈奴首领退兵，最终匈奴首领打开了包围圈的一角，放出汉军。

平定英布叛乱

汉高祖刘邦平息了梁王彭越叛乱后不久，曾经对汉朝建立有着巨大贡献的淮南王英布兴兵反汉。刘邦在朝堂之上向文武大臣询问对策，汝阳侯夏侯婴向刘邦推荐了自己的门客薛公。

汉高祖召见薛公问：“曾经英布是项羽手下的大将，如果我亲自率领大军去征讨，你看是否能胜利？”

薛公回答说：“陛下必胜无疑。”

汉高祖问："此话从何说起？"

薛公说："英布在作乱后，一定会想到陛下会去征讨，所以他不会坐以待毙，这时候有三种情况供他选择。"

汉高祖说："先生请讲。"

薛公说："第一种：如果此时英布选择东面取吴，西面取楚，北面兼并齐鲁，将燕赵纳入自己的势力范围，然后等待陛下的征讨，那么陛下也

奈何不了他。"

汉高祖连忙问："第二种情况呢？"

薛公继续说："东面取吴，西面取楚，夺取韩、魏之地，保住敖仓的粮食，然后重兵坚守成皋，断绝入关之路。如此，谁胜谁负，很难断定。"

汉高祖说："既然先生认为朕可以获胜，那么英布自然不可能用这二计，那就请先生说第三种情况吧！"

薛公说："东面取吴，西面取下蔡，然后把重兵安排在淮南。我感觉英布一定会用此策。陛下只需要长驱直入，一定能获得全胜。"

汉高祖高兴的说："先生为什么会如此肯定英布必用此下策呢？"

薛公回答说："原本英布就是一个骊山的刑徒，虽然有万夫不挡之勇，但是此人目光短浅，只会谋划一时的利害，我料想他必会用此下策！"

汉高祖赞叹地说："先生的分析很透彻，使朕对英布有所了解！"

刘邦随即封薛公为千户侯，薛公连忙跪下谢恩。

在这一年的10月，刘邦亲自率领12万大军征讨英布。

果然，英布发动叛乱以后，首先兴兵打败受封于吴地的荆王刘贾，又打败了楚王刘争，最终将军队驻扎在淮南一带等待刘邦。

戎马一生的刘邦深谙用兵之道。双方的军队相遇后，刘邦发现英布军队士气旺盛，于是采取了坚守不战的策略，待英布军队疲乏后，才擂鼓进军，杀得英布落荒而逃。英布逃往江南，被长沙王吴芮的儿子杀死。

作战篇

本篇从用兵对国家经济实力的依赖关系阐明用兵只宜"速取"、不宜"久战"的重要原则。指出用兵打仗需要消耗大量人力、物力、财力，因而在用兵前必须作充分准备，不可以轻易用兵。

糧

 【孙子兵法】　计 谋 妙 解

原文 凡用兵之法，驰车千驷①，革车千乘②，带甲十万③，千里馈粮④；则内外之费⑤，宾客之用⑥，胶漆之材⑦，车甲之奉⑧，日费千金⑨，然后十万之师举矣⑩。

注释

　①驰车：中国古代的大型战车。千驷：每辆战车都是用四匹驾马，因此称之为驷。千驷指战车众多。②革车：为中国古代的一种装载各种军需品的

辎重车。③带甲：甲，本文中指的是戎衣。带甲，穿着戎衣。④千里：指路程遥远。⑤内外之费：国家内外的各种开销。⑥宾客之用：招待来宾、使节的费用。⑦胶漆之材：修饰器械的材料。⑧车甲之奉：指对车辆与士兵衣服的供应。⑨千金：指开支浩大。⑩十万之师举矣：众多军队出动。

译文

用兵作战前要准备好战争时所需的物资，战车千辆，运输军粮武器的车千辆，与众多全副武装的士兵，向遥远驻扎地运送粮草；前后方的军用开支，比如招待来宾使节、武器维修的胶漆材料，供应战车和盔甲等的支出，每天都需要消耗很多钱。准备好这一切之后，大军才可以出发。

计谋应用

赵匡胤智取清流关

不可一世的大唐王朝灭亡后，中国历史走向五代十国的纷争时期。五代指的是：后梁、后唐、后晋、后周、后汉。在黄河流域内先后建立的五个朝代。

十国指的是：吴、南唐、吴越、楚、闽、南平、前蜀、后蜀、南汉、北汉。十个国家有九个地处于黄河流域以南，只有北汉在今天的山西一带。

五代十国时期，中原战场纷争不断，残垣断壁随处可见。其战乱之甚可与春秋战国时期相提并论。

公元956年，后周国主周世宗打算亲自征讨淮南。淮南为南唐主李璟。在此次征讨中担任先锋一职的是赵匡胤。

赵匡胤出生于公元927年，祖籍涿州，赵家世代为将。成年后不久，他便告别了家人，前往后汉枢密使郭威帐下。赵匡胤作战勇敢，颇有智谋，很得郭威的赏识。公元951年，郭威将后汉政权夺取后，改国号为后周，赵匡胤也被提升为东西班行省，成为禁军中一名较有声威的指挥官。周世宗即位后，赵匡胤与张永德等共同掌握禁兵。

赵匡胤亲自率领先头精锐部队，以最快的速度向李璟的淮南地区挺进，首先在涡口将南唐军打败，斩杀南唐都监何延锡等人。南唐大惊，慌忙派遣节度使皇甫晖、姚凤带兵10万，扼守清流关，阻挡后周军前进。

清流关地处滁州的西南面，此地倚山靠水，形势很是险峻。皇甫晖、姚凤将10万军队固守在这里，更显得坚固万分，纵然是有雄兵猛将，对此地的地形也是望而生畏。有人将这一情形

报告给了周世宗，周世宗心生退意，以为此关不容易破。

赵匡胤上奏道："让微臣来夺取清流关。"

周世宗说："虽然爱卿一向智勇双全，但是这清流关却是极其坚固之地。"

赵匡胤说："微臣不惧，愿带兵前往，夺取清流关，替主分忧。"

周世宗说："想必爱卿已经有攻敌之策了，那么朕就在这里静候佳音吧！"

赵匡胤领旨后，点齐两万人马，趁夜色掩护直冲清流关。天快亮时，后周军已经抵达关下。赵匡胤一声令下，后周军将整座清流关围得水泄不通，关上守军却一直在睡觉，没有任何察觉。直到鸡叫三遍，旭日东升，清流关守军才起床。守军派人出关侦察时，刚一打开城门，突然涌现一员大将，猛吼一声，冲杀过来，逢人便杀，锐不可当，紧跟着他的后周士兵也一窝蜂似的跟着闯进关来，赶杀守军。守军根本没有想到后周军队会不声不响地来到清流关，更没想到他们的速度那么快，此刻已吓破了胆，面对如此的局面，他们手足无措，只得四处奔逃。

皇甫晖、姚凤二将刚刚起床，听说后周兵已经入关，慌忙向滁州逃去。清流关10万唐军，被后周兵杀的一路奔逃，早已死伤了一大半。最终唐军只剩4万人跟着自己的主帅逃进了滁州城里。

【孙子兵法】 计谋妙解

原文 其用战也贵胜①，久则钝兵挫锐，攻城则力屈②，久暴师则国用不足。

注释

①其用战也贵胜：其，代指十万大军。用战，作战。胜，指速胜。②力屈：人力消耗殆尽。

19

 译文

　　率领大军出征作战，一定要以最快的速度取得胜利；若战争拖得太久，则必然导致军队疲惫，挫伤锐气。一旦攻城，兵力会渐渐耗尽；军队长期身处外地作战，必然会导致国家的财政短缺。

计谋应用

绝粮草，乱军心

　　公元200年，袁绍调集10万精兵，派沮授为监军，从邺城出兵黎阳攻打曹操。

　　此时，曹操已经率领兵马回到官渡，得知白马被围，打算前去营救。曹操的谋士荀攸劝说："此时敌人兵多，且士气旺盛，不可硬拼。现在我

们应当分出一部兵马往西在延津一带假装渡河，将袁绍的主力部队引到西边。然后派一支轻骑兵到白马，打他个措手不及。"

曹操对于荀攸的意见颇为赞赏，于是按照荀攸的意见开始行动。袁绍得知曹操要在延津渡河，果然派大军来堵截。

曹操发现袁绍主力已经前往，便亲自率领一支轻骑兵袭击白马。包围白马的袁军大将颜良没做任何防备，被曹军杀得大败。颜良被杀，白马之围也就此解除。

监军沮授向袁绍进言说："主公，我们现在应当将主力留在延津南面，然后分一部分兵力出击。"此时的袁绍心急火燎，根本不听。他下令全军渡河追击曹军，并且让大将文丑带五六千骑兵打先锋。此时的曹操已经从白马向官渡撤退。得知袁军来追，就将600名骑兵埋伏在延津南坡，让兵士解下马鞍，让马留在山坡下，将武器盔甲丢满了山坡。

文丑率领骑兵赶到南坡，看到满地狼藉，认为曹军早已落荒而逃，便让兵士收拾丢在地上的武器。曹操一声令下，600伏兵一齐冲杀出来。袁军来不及抵抗，被杀得七零八落，文丑也被砍了脑袋。

袁绍在这两场战斗中一连折了自己军中最有名的两员大将——颜良、文丑，袁军士气颇为低落。早已愤怒的袁绍哪肯罢休，一定要追击曹操。监军沮授说："虽然现在我们人多势众，但是士气低落。相反曹军连赢两场，士气正是旺盛之时，此时我们只需要等待，曹军远道而来军需紧迫，我们粮食充实，尽可与他相持下去。等曹军粮食用完之际，我们再反杀过去，自会大胜。"

愤怒中的袁绍哪能听进沮授的劝告，命令将士继续进军，一直赶到官渡，才扎下营寨。曹操的人马已经回到官渡，布置好阵势，坚守营垒。

深夜，袁绍下令让士兵挖通向曹营的地道，打算从地道里钻到曹营去偷袭。但是他们的行动早被曹军发现。曹操命令士兵在营前挖了一条又长

又深的壕沟，切断地道的出口。

如此，两军在官渡相持了1个多月。时间一长曹军的劣势渐渐显露出来，军营的粮食越来越少，兵士疲劳不堪。曹操感觉再这么耗下去只会自取灭亡，于是写信给自己的谋士荀彧，准备退兵。荀彧回信，劝曹操无论如何要坚持下去。

这时袁绍的大批军粮从邺城源源不断地运来。袁军负责运粮的大将是淳于琼，他带领1万人马将大批军粮囤积在离官渡40里的乌巢。

袁绍手下有位了不起的谋士叫许攸，他得知曹操缺粮的情报后，向袁绍献计，劝袁绍派出一小支人马，绕过官渡，偷袭许都。袁绍却拒绝了。许攸对此非常失望，就连夜逃出袁营，投奔曹操。

曹操正在床上躺着思考，听说许攸来投奔他，高兴极了，亲自跑出来迎接许攸。许攸问："此次袁绍来势非常猛烈，您打算怎么对付他？现在你们的粮食还能支撑多久？"曹操如实相告："军营的粮食已经不多了，最多还能维持1个月，您看怎么办？"

许攸说："袁绍现在有1万多车粮食、军械囤积在乌巢。淳于琼的防备很松。您只需带一支轻骑兵去袭击，将他的军需物资烧掉，不出3天，你就不战自胜。"

曹操得到这一情报后，开始谋划，一边派人守好官渡大营，一边亲自带领五千骑兵，连夜向乌巢进发。他们打着袁军的旗号，没有引起袁军哨兵的怀疑，顺利到达乌巢，将袁绍的军需物资、粮食焚为灰烬。乌巢的守将淳于琼也被杀死。

官渡的袁军将士得知乌巢被烧毁后，军心大乱。曹军乘势出击，大败袁军，袁绍慌忙退回河北。这便是历史上著名的以少胜多的官渡之战。

经过这场决战，袁绍的主力损失惨重。两年后，袁绍病死。

【孙子兵法】 计谋妙解

 原文 善用兵者，役不再籍①，粮不三载②，取用于国③，因粮于敌④，故军食可足也。

🌽 **注释**

①役不再籍：不再次登记服兵役。②粮不三载：粮，征收粮食。粮不三载，征收粮食不能超过三次。③取用于国：从国内取得军需器材。④因粮于敌：从敌国取得粮食供应。

23

译文

　　善于用兵的将领，不会再次征兵，也不会多次从国内征收军粮。在战争中，他们从国家取得军用器材，想方设法从敌人那里夺取粮食，这样，军队的粮草就用之不尽。

计谋应用

敌方取粮，雄霸天下

　　一代天骄成吉思汗，世人皆知，在关于他的征服史中记载着他的无限雄风。蒙古军对他们所征服的民族要么杀戮，要么掳为奴隶。据专家考察，在元朝鼎盛时期蒙古人也不过百万，如果用这么一点儿人去征服世界，那真是天方夜谭。但是在成吉思汗的军队进攻中，他们的数量不减反增。原因在于他们在征服一个地区后，就会将这里能杀的全杀掉，妇女掳为己有，儿童抚养长大就成了蒙古的新生力量。

　　蒙古军队行军，家属随行，从来不会发生军需给养困难的问题，他们在攻城过程中抢夺军粮。众所周知，曾经的蒙古人是一个游牧民族，他们从来都不会考虑粮食的问题，蒙古人走到哪狩猎到哪，这也是他们剽悍的一个原因。

与别的国家军队相比，蒙古军队根本不需要辎重，更不需要后勤保障。曾经的中原王朝一般都是出军之前，粮草先行。如果粮草供应不上，那么这股军队就必败无疑。而蒙古军在攻陷一座城池之后，他们就会令被征服者负责军队的粮食、草料供应，吃饱喝足，再踏上新的征途。

花剌子模与蒙古军相对，因害怕蒙古铁骑，他们一个城市的居民未战而降，以为会幸免于祸，但没几天的时间，先后从这里经过三批蒙古大军，城市地皮被他们刮了三尺，能抢的全部抢走，能吃的也全部吃掉，蒙古军走后，这里只剩下残垣断壁。

蒙古军之所以能在短短时间内建立起一个世界上最大的帝国，征服无数的城池，原因就在于他们有着先进的武器，行军灵活，不需要后方解决粮草问题。试想，如果蒙古军像中原王朝那样一边从后方运送粮草，一边持续战斗，无论这个国家多么富有，最终也会因为战争而消耗殆尽。

谋攻篇

本篇主要议论在作出用兵的决策之后，人们必须首先考的战略思想和战略原则。本篇着重论述用兵打仗求"全胜"的战略思想和策略原则。

【孙子兵法】**计谋妙解**

原文 凡用兵之法，全国为上①，破国次之②；全军为上③，破军次之。

注释

①全国：本文指完整地占有别国的领土。全，在这里为动词。②破国：本文指攻破敌国。③全军：本文指使敌人全军将士投降。

译文

凡是用兵作战，完全占领敌国的土地为上策，通过进攻来打击破坏敌国，便略逊一筹了；两军对战能使敌国一军之众完整地降服为上策；通过交锋，击溃敌国一军之众便略逊一筹了。

计谋应用

韩信降燕

自从秦朝灭亡后，汉王刘邦与楚王项羽为了争夺天下展开殊死决战。刘邦为牵制项羽，派遣韩信从侧翼迂回。一向能征善战的韩信仅仅用了4个月的时间，就灭掉了魏国、代国，越过太行山，逼近赵国。

赵王歇与赵军统帅陈余将20万兵马集结在井陉口。

当时在陈余手下担任谋士的李左车献计道："此时韩信乘

胜而来，士气旺盛，但是一路跋涉，必定粮草不足。咱们井陉的山路狭窄，车马难行，敌人走不上百里路，粮草必然落在后面。我们派 3 万精兵从小路截断他们的粮草，然后挖深沟、高筑垒，坚守营寨，不和他们交战，用不了 10 天，我们就可以活捉韩信。"

陈余不屑地笑着说："兵书上说：兵力大于敌人 10 倍时，便可以包围他，韩信此次前来不过两三万人马，我们有什么好怕的呢？"便没有接受李左车的建议。

韩信在知道陈余没有接受李左车的建议后，不禁暗自高兴。他以背水为阵和疑兵之计一举击溃赵军，杀死陈余，活捉了赵王歇。然后韩信发通缉令，出千金重赏，捉拿李左车。

几天后，李左车被人绑送到韩信帐下。将士们以为韩信一定会杀李左车，但韩信一见李左车，立即上前亲自为他松绑，并请他坐上座，自己坐在下手，俨然是弟子对待师傅的态度。

李左车说道："败军之将，何以言勇；亡国之夫，不可图存。我已经成为将军的俘虏，将军为什么要如此对待一个俘虏呢？"

韩信说："曾经百里奚住在虞国，后来虞国被消灭了，秦国重用了他，秦国才渐渐强大起来。今天您就好比是百里奚，若是陈余采取了您的谋略，相信此时我已经成为了您的俘虏。正因为陈余不听您的建议，我的胜利才能在今天突显。我是诚心向您请教，请您不要推辞。"

李左车看到韩信如此尊重自己，这才开口说："将军连克魏、代、赵三国。虽然取得很大的胜利，但现在将士们疲惫不堪，如果再去攻打燕国，倘若燕国凭险固守，将军恐怕会感到力不从心。"

韩信问："那么以先生的意思应该如何是好呢？"

李左车回答："将军在这么短的时间内击败赵国20万大军，威名远扬，燕国不会不知道。将军便可以利用这余威，一面安抚将士和赵国百姓，一面派遣使者去燕国，晓以利害，则可不战而使燕国屈服。"

韩信大喜赞叹道："先生果真高明至极！"

韩信以最快的速度写了一封书信，他在信中阐明了汉军得天独厚的优势，分析了燕国的处境及战与降的利害，又派了一名能言善辩的使者将这封信送往燕国。同时，李左车又建议韩信将军队调到燕国边境线上，摆出一副咄咄逼人的进攻架势。

燕国君臣得知城外韩信大军压境，早已惊得魂不守舍。燕王看了韩信的书信后，立即表示同意归降。

【孙子兵法】 计谋妙解

 原文 故上兵伐谋①，其次伐交②，其次伐兵③，其下攻城。

注释

①上兵伐谋：最好的用兵方式是以谋略取胜。②伐交：交，本文指外交。③伐兵：使用兵刃交锋战胜敌国。

 译文

最好的用兵方式是以谋略取胜，其次为以外交手段取胜，又其次是凭借军事手段取胜，最差的要数强攻敌国的城池了。

烛之武退秦兵

公元前630年，晋国晋文公率领大军在城濮之战中战胜楚国之后，晋国已经在诸侯中赢得了霸主地位。这一年，因郑国在城濮之战中曾加盟楚国并且出兵攻打晋国军队，晋文公对郑国有怨气，加之之前晋文公在流亡时期经过郑国没受到郑君的礼遇，于是极为恼怒，联合了秦穆公进攻郑国。

郑国原本就是依附大国的弱国，现在秦、晋两个大国忽然兵临城下，郑国国君郑文公惊慌异常，连忙召集文武百官商量对策。文官武将们一致认为，以郑国的实力，是不足以抵抗秦晋两国军队的联合进攻的，最好的计策是派出使者，从秦、晋两国的关系上做文章，晓之以利弊，说服秦国退兵。如此，晋国便孤掌难鸣，也许会停止对郑国的进攻。

郑文公采纳了这一退兵方略，决定派富有外交经验、善于辞令的大臣烛之武前去说服秦国退兵。

当时，秦国军队驻扎在郑国的城东，晋军驻扎郑国的城西。当天晚上，郑国守城官兵用绳子系在烛之武的腰上，将他送下城。烛之武出城后，直接前往秦军营，要求见秦穆公。将领把他带到秦穆公面前，烛之武开门见山地对秦穆公说："秦、晋两国的军队包围了郑国，郑国即将灭亡了，如果郑国灭亡对您有好处的话，我就没理由来见您了。"接着，烛之武从晋、秦、郑三国的地理位置入手，分析灭郑对秦、晋之利弊。他说："您知道，郑国在东，秦国在西，中间隔着晋国。在郑国灭亡后，秦国根本无法越过晋国的国土来占领郑国。我们的疆土将只能被晋国占领。秦晋两国本来力量相当、势均力敌。如果晋国占领了郑国土地，它的实力就会比现在更强大，而秦国的势力也将相应地减弱。您现在帮助晋国强大起来，对贵国只有百害而无一利，将来只会反受其害。况且，晋国的言而无信您难道忘了吗？曾经，晋惠公逃到梁国，请求您的帮助，并答应在事成之后以黄河以外的五座城池作为酬谢。于是您帮助他回国做了国君，晋惠公回国后不仅没有实现承诺，而且修筑城墙准备与秦对抗。现在晋国天天扩军备战，其野心根本不会有满足的时候。今天他们灭了郑国，往东面扩大了自己的疆土，谁又能保证明天不会向西边的秦国扩张呢？您如果肯解除对郑国的包围，我们将会与您交好。今后，贵国使者经过郑国的时候，我们一定尽主人之道，好好招待贵宾。这对你们有何危害呢？"

烛之武一番阐述说得秦穆公豁然开朗。秦穆公意识到灭郑对自己确实没有什么利益，于是答应立即撤兵，并且和郑国订立了盟约。秦国军队不声不响地离开了，还留下了杞子等3位将军带领2000秦兵，帮助郑国守城。

【孙子兵法】 **计谋妙解**

 原文 知彼知己，百战不殆①；不知彼而知己，一胜一负；不知彼，不知己，每战必殆。

 注释

①殆：危险或是失败。

译文

在了解敌人国家与军队情况的同时，也要熟知自己国家与军队的情况，如此就算与对方百战也不会出现危险。不了解敌方情况，只了解自己的情况，便会有时胜利，有时失败。既不了解敌方情况，又不了解我方情况，每次用兵都会失败。

计谋应用

张绣追击曹军

公元197年（东汉献帝建安二年），曹操亲自率领军队南征，来到宛城，驻扎在清水，张绣率领部众投降了曹操。曹操娶了张绣叔父张济的妻子，使张绣怀恨在心。曹操听闻后，准备暗中准备谋划杀掉张绣，由于计谋泄露，张绣领兵反叛，并与刘表联合起来，共同向曹操宣战。

就在曹操竭尽全力应对张绣、刘表的时候，袁绍趁着大好时机进攻他的大本营许昌，曹操决定先回师救许昌。张绣发现曹操退兵，急忙率领军队追击。张绣手下的谋士贾诩说："此时不可以追，如果追击，那么一定失败。"张绣不听，急忙整顿军马前去追击，追上曹军就是一场大战，结果张绣大败而回。此时，贾诩对张绣说："现在以最快的速度整顿军队，然后再次追上去，一定能取得胜利。"张绣问："刚才就是因为没有听您的话，以致失败到这种地步。已经失败了，为什么还要追击？这不是重蹈覆辙吗？"贾诩说："战斗的态势有变化，快速追赶一定有所收获。"张绣相信了他的话，于是再次集结部众追赶，追上曹军，又是一次激烈战斗，张绣果然大胜而回。

张绣回来后问贾诩："第一次我率领精兵追击曹操的退兵，而您预

言我一定失败；第二次我失败退回后又以败兵再追击刚打了胜仗的曹兵，而您又说一定能取胜。为什么会出现这种状况呢？"

贾诩说："您虽然善于用兵，却不是曹操的对手。曹军虽然刚刚退兵，曹操也怕后有追兵并且会亲自断后；您的追兵虽然精锐，大将却不是敌手，何况曹军的士兵也都是精锐，所以我知道您一定失败。曹操进攻咱们的时候从来没有失策过，他的兵力还没有用尽就撤退，定是因为后方出现了变故，他退兵时一定有精兵等着您去追；曹操既然已经在退兵途中打胜了您，他便会轻军快速撤退，而留下其他将军来断后，那些将军虽说也都英勇善战，但都无法与您相比，所以您用败兵追上去再战，就一定会取胜。"张绣听后，大为叹服。

军形篇

这一篇主要讨论战争的攻守问题，讨论如何造成一种守必固、攻必克，以求"全胜"的形势。兵力少时应着重防守，兵力有余便可以进攻，守要守得像"藏于九地之下"那样隐蔽，攻要攻得像"动于九天之上"那样出其不意和势不可当。

【孙子兵法】 计 谋 妙 解

 昔之善战者，先为不可胜①，以待敌之可胜②。

 注释

①先为不可胜：首先要造成一种不可被战胜的形势。②待敌之可胜：等待对方有可能被我方战胜的机会。

 译文

曾经善于战斗的人，预先会造成一种不可被战胜的形势，等待对方有可能被战胜的时机。

计谋应用

莫斯科之战

拿破仑经过在欧洲发动几场大的战争后,地位更加巩固,实力也增强不少,欧洲各方势力再也没有人敢发起反法战争。当时颇为强大的俄国在沙皇亚历山大的统帅下,一直与拿破仑明争暗斗。为了一举打败俄国,拿破仑使出了他惯用的计谋。

1808年9月,拿破仑与俄沙皇亚历山大在德国埃尔富特城郊进行"友好和平"的会谈。当时是拿破仑邀请亚历山大进行的会谈,但是,拿破仑真正的想法并不是为了真正的"友好和平",他是要通过与沙皇会谈,摆出友好姿态,然后摸清沙皇对拿破仑是否有戒心。

果然,拿破仑感觉有机可乘,暗暗制订了一系列摧毁俄国的具体计划。

1812年5月,拿破仑在德国德累斯顿威严地检阅着他的部队。情绪高昂的士兵们高呼:"皇帝万岁!法兰西万岁!"看到如此场景,拿破仑对于未来的战争充满了信心。检阅完毕后,拿破仑下令出发,60万大军浩浩荡荡地开赴俄国边境。6月23日,法军进入俄国控制的立陶宛地区。

最初,一切形势看似对法军非常有利。庞大的军队进入俄国境内,居然没有遇到任何抵抗。

法军非常顺利的占领了立陶宛。立陶宛安静异常,以至连一个人影也看不到。突然,拿破仑发现这一切似乎不合常理,便打算让士兵找几个老百姓来询问情况。士兵们掘地三尺也没见到任何人。

原来,在法军到来之前,沙皇已经让所有的人躲藏起来,使法军如入无人之境。这样,拿破仑的部队便无法生存。

法军的一名将领向拿破仑请示道:"陛下,军队的物资供应出现了短缺,有1万匹战马,因为过度劳累和无水草供应而死了。其他的战马很多也病困交加,因此严重影响了我方的战斗力。下一步,我们该怎么办?"

"怎么办?亲爱的将军您说呢?我们的人民一直在等待着胜利的消息,我们的士兵不远千里、长途劳累奔波至此,我们一无所获,然后带着病体回到家乡,你让我拿什么向人民交代?我们的人民说:'咱们的皇帝亲率大军,远征俄国,没有取得功劳回来了,我们原谅他吧!'那时候,我的将军,您和我谁又能原谅自己？！"

"这……"将军不知道该怎么回答。

拿破仑未等将军把话说下去，便下命令道："继续前进！向斯摩棱斯克进军！到那里彻底消灭俄军。"

法军到达斯摩棱斯克遇到了顽强的抵抗，早已疲惫的法国将领们立刻组织攻城。同时，因为法军将士急躁冒进，没有很好地组织部队进攻，结果，有1万多人战死，法军遭受了巨大的损失。

拿破仑发现如此与对方硬拼无法取胜，便改变战略，命令用大炮射击，隆隆炮声，带着法军将士的无限气愤，射进俄军阵地。一阵猛射之后，俄军没有了任何动静，法军异常高兴，慌忙进入城市。进城之后，法军才发现，俄军没有任何伤亡。原来，俄军又悄悄转移了，又剩下一座异常空寂的城市，静得能听到死神在呼吸。拿破仑气炸了肺，在这个时候他异常冲动，决心孤注一掷，不打败俄军决不收兵。法军的物资供应已经出现极度匮乏的局面，拿破仑仍旧命令部队继续东进。

9月7日，法军在波罗金诺地区与俄军相遇，异常愤怒的拿破仑内心满是复仇的想法。波罗金诺是距莫斯科100多公里的一个小村庄，虽然这个村庄很小，地理位置却非常重要，这里是通向莫斯科的大门，占领了这个小村庄，就等于拿到了进入莫斯科的钥匙。拿破仑了解了这里的地理位置，便投入了大量兵力，决心不惜一切代价占领它。法军投入13万士兵，近600门大炮开始攻击波罗金诺村，没过多长时间便将这个小村庄占领了。

正当法军将士为胜利的果实而欢呼之时，俄军在村南箭头堡阵地的大炮却向法军阵地进行了轰击。一位将军向拿破仑请示道："报告陛下，俄军大炮不断向我们轰击，要不要摧毁它？"

拿破仑说："先摸清对方的情况，马上报告。"

这位将军熟练地向拿破仑报告："陛下，我们已经了解了对方的情况。那里共有12万俄军。其中有8.5万名是后援部队。还有300门大炮。"

拿破仑问道："对方的主帅是谁？"

将军回答："巴格拉基昂。"

巴格拉基昂是当时非常有名的一位统帅，战功赫赫。拿破仑犹豫一下，接连重复了两遍巴格拉基昂的名字，然后说："巴格拉基昂是俄国军队中最为杰出的军人，我们要认真谨慎。"

将军回答道："我们会的，陛下。"将军转身，下令向俄军发起攻击。

俄、法双方的炮战开始了。法军将400多门大炮全部动用起来，猛烈向箭头堡攻击，

俄军奋力还击。俄法阵地相距不足1公里，由于相互以炮弹轰击，满地都是高低不平的弹坑和四散飞溅、层层叠叠的弹片。

一阵轰击后，拿破仑发现俄军的火力已经减弱，认为时机已到，就命令部队冲入俄军阵地。异常勇猛的法军，高呼着向箭头堡扑去。早已准备好的俄军，对准数不清的法军猛烈开火，结果，法军一片片地倒下。但是，由于法军在数量上远远超过了俄军，尽管伤亡惨重，最终仍然冲进了箭头堡，击毙了残余俄军。俄军阵地士兵全部阵亡。巴格拉基昂迅速调集8.5万后援部队增援，攻击扑来的法军。巴格拉基昂作为主帅，他身先士卒、冲锋陷阵，命令俄军必须夺回箭头堡。俄军在法军炮火轰击下，一批又一批地死去，终于又夺回了箭头堡。

后来，在一天的战斗中，法军8次夺得箭头堡，又8次失去。每一次的争夺都使双方人员损失惨重。一天之中，双方共损失人员8万人左右。

这次战斗成为19世纪第一次最大规模的战争。到傍晚时分，拿破仑组织兵力，又做了第9次争夺，轰隆隆的炮声带着死神的召唤轰击着箭头堡俄军阵地。俄军也积极组织有效的反击。突然，一颗炮弹落在巴格拉基昂的身旁，弹片四下飞溅，有一片击中了巴格拉基昂，他的胸膛异常疼痛，仿佛撕裂了一般。血流不止的巴格拉基昂，面色渐渐苍白，最后倒了下去。这位被拿破仑称之为俄国最杰出的军人，再也没能站起来。

法军又一次攻下箭头堡，俄军最高统帅库图佐夫下令部队撤退。这次战斗，最终以法军胜利而告终。

9月14日，拿破仑率领法国军队，浩浩荡荡开赴莫斯科。库图佐夫在法军进入之前已经命令全部撤离，又把一座空城留给了拿破仑。

拿破仑倾全力占领的莫斯科，又是一座空寂的城。恼羞成怒的法军一把火点着了整个城市，烈火将全城焚毁。一直焚烧了三天三夜，克里姆林宫被滚滚浓烟笼罩着，拿破仑在莫斯科稍稍休整了一下便退出了莫斯科，他实在难以忍受刺鼻的烟味。

冬季来临了，法军原本就已经短缺的军需物资，现在更是捉襟见肘。将士们以生命换来的成果，却因为缺衣少食而难以维持，法军内部怨气冲天。

10月18日，俄军又一次袭击法军，打死打伤法军3000余人。在如此情况下，拿破仑已经感觉到无法在支撑下去，他的部队已经不堪一击，无法再继续与俄军对抗，否则，不是被俄军打死，就是被饿死、冻死。10月19日，拿破仑终于下达回国的命令，他率领11.5万残兵从原路返回。回国途中，又不断遭到俄国伏击，加上天寒地冻，风雪交加，士兵接连死去。11月29日，在过桥时，士兵与随军家属互相争抢过桥，1.2万人在这次争抢中掉进河中被淹死。12月中旬，拿破仑终于离开了俄国，往返一趟，60万大军，只剩下了2万。

1813年，法军刚刚退出俄国，沙皇便立即联合奥、普军队追杀过来，与法军会战于德国莱比锡，法军又遭重创。后来，1814年3月31日，亚历山大与各国反法联军进入巴黎，拿破仑被迫退位。

【孙子兵法】 计谋妙解

 原文 不可胜者，守也；可胜者，攻也。守则不足①，攻则有余②。

 注释

①守则不足：在兵力不足的时候应以防守为主。②攻则有余：兵力充足的时候便可以发起进攻。

译文

不可被战胜，原因是重在防守；可以战胜敌人，原因在于进攻。防守是因为兵力不足；进攻则是因兵力有余。

孙子兵法

计谋应用

守则不足，攻则有余

　　隋文帝刚刚建立隋朝之时，南北尚未统一。当时，常常受到北方突厥人的侵扰，南方还有未灭的陈朝隔江对峙。隋开皇元年（公元581年），隋文帝决定攻灭陈朝。尚书左仆射高颎劝说："隋朝刚建立，朝政有待整治，北有突厥虎视眈眈，出兵伐陈的时机还不成熟。"于是，文帝仔细思量了一下，便采纳了高颎的建议：先灭突厥，后灭陈国。

　　开皇三年（公元583年），隋文帝下令北上攻打突厥，与突厥交战期间，对南方的陈国采取了友好策略。为增加国家实力，隋文帝大胆实行改革，简化了政府机构，鼓励农耕，提倡习武。打败突厥之后，隋文帝着手准备灭陈的行动。开皇七年（公元587年），高颎向隋文帝献策道："此时正是江南收获粮食的农忙时节，我们可调集人马向长江沿岸集结，并大造声势，说隋军要过江攻打陈朝。陈朝必然会放弃田里的农活，集结队伍准备防守。等陈

朝集合起军队做好抵抗准备，我们再将军队撤回。如此几次，陈朝必定收不上来粮食，国库就会逐渐空虚，军队也会渐渐疲惫，对备战就会懈怠起来。于是我军便可以依计而行。"

果然，陈朝被搞得国力日衰，陷入困境，对隋军的防备也怠慢下来。隋开皇八年冬天，隋文帝命令贺若弼、韩擒虎率领军队52万，从东西两路夹击，南下攻打陈朝。进攻发起之前，贺若弼利用军队换防，把沿江隋军调集到广陵，一时间长江北岸旌旗招展，连营不断，人喊马嘶。陈军惊恐异常，以为隋军要渡江，赶忙调集大军来防守。过了几天，陈军发现对岸的隋军渐渐散去，这才发现原来是隋军在换防。陈军于是放松了警惕。开皇九年（公元589年）大年初一，陈军欢度新年。贺若弼认为时机已到，午夜亲率军队悄悄渡过长江，顺利地登上了京口城楼。韩擒虎也率领数百勇士摸黑渡江，占领了采石矶。然后，两军从东西两面沿长江向陈朝都城建康进军，一路连战连捷，20天后，就攻占了建康，结束了隋朝的南北分裂局面。

【孙子兵法】**计谋妙解**

原文　善守者，藏于九地之下①，善攻者，动于九天之上②；故能自保而全胜也。

注释

①藏于九地之下：将军队隐匿起来，使敌人莫测虚实。②动于九天之上：军队进攻时要如同天兵天将降临一般，既出其不意又势不可挡。

译文

善于防守的将领，就会将自己的军队如同隐藏在极深的地下一样使敌方莫测虚实；善于进攻的将领，就会调动自己的军队如同天兵天将降临一般，既出其不意，又势不可挡；如此既能在防守中保全自己，又能在进攻时获得全胜。

计谋应用

陈泰用兵

　　公元251年，蜀国大将姜维、夏侯霸等人率领数万军队进攻曹魏的陇西。魏雍州刺史王经对征西将军陈泰说："据查探姜维兵分三路，一路向祁山，一路奔石营，另一路赴金城。我们应该也分三路布置，您出兵侧翼保石营，调凉州军至袍罕保金城，派讨蜀护军徐质保祁山。"陈泰心想，以对方的实力和兵力根本不可能分取三路，而自己的兵力也不好分开，便对王经说："先别急，看看形势，现在我们还不知道对方的意图。"后来，姜维果然只一路进兵，率领全部兵力至袍罕，意在夺取狄道，虎视关陇。陈泰摸清对方意图后，便派王经去守狄道，并叮嘱要等大军到后，再与姜维交战。陈泰亲率一部分军队到陈仓，打算从侧面向对方发起攻击。

　　王经去后，没有驻守狄道，而是率军前进，与姜维在故关相遇，交战大败，这才匆忙地收拾残军退守狄道。由于此战失利，姜维乘胜引兵前进，把狄道

团团包围起来。狄道形势异常危险，陈泰知道侧翼攻势已无用，便急命五营前行，自引大军随后跟随，去救狄道之围。

部队到了上邽，邓艾、胡奋、王秘等人也领兵到来。邓艾等人说："王经的精兵已败于姜维，此时对方兵多气盛，难以抵挡；而您所率之兵实为乌合之众，刚刚战败，士气消沉，陇西动荡不安。我们现在应当忍受小失而保全大局。放弃狄道之守，先求自保，然后再设法进兵陇石，此为上策。"陈泰说："姜维率轻兵深入远地，粮草不继，必定要与我们寻求速战。所以，王经应当坚守不战，挫其锐气。而他却看不清形势，与对方速战，遂使敌人得志进兵包围了狄道。如果姜维攻克狄道，再引兵东进，占据栎阳粮米之地，将军队驻扎在此处，招降纳叛，勾引羌人，东争关陇，则此处四郡大概都会被姜维所得。这样的话，我们的麻烦就大了。而现在呢？姜

维仓促之间调集大军深入，粮草必然无法正常供应，这正是我们进军破敌之时，只要我军一进，以迅雷不及掩耳之势，姜维必破无疑。而且，我军占据高地，以上击下，势如破竹，对方必定不战而走，被围的狄道也不会坚持多久。我们怎么可以纵容对方呢？"陈泰于是便进兵跨越高城岭，准备救狄道之围。

　　陈泰心想，姜维用兵不同于一般人，他既然兵围狄道，一定会在山路险阻之处设兵伏击。陈泰思考后，命令军队趁夜潜行，绕过敌人可能设伏的北路，率军向南，登上狄城东南的高山，果然绕过了姜维的伏兵。大军刚到，便在高山上燃起烽火，击鼓鸣角，告诉城中救兵已到，城中兵将士气大振。而姜维见对方救兵突至，十分震惊。姜维率领军队来战，由于地势不利而退。后来，陈泰又密谋截断了姜维的退兵之路。姜维听到后，连忙引兵遁去，由此狄道之围被解，姜维也没有从陈泰手中得到任何的好处。

势篇

本篇的"势"，着重分析在对敌方实施战略进攻中，讲述如何从战役上运用奇正结合的原则，创造一种出奇制胜的态势。

 【孙子兵法】 计谋妙解

原文 凡治众如治寡①，分数是也②；斗众如斗寡③，形名是也④。

注释

①治众如治寡：管理人数众多的军队要如同管理人数很少的军队那样得心应手。②分数：军队的编制。③斗众如斗寡：指挥众多的人作战要如同指挥人数很少的人作战那样条理分明。④形名：古代作战用的旌旗、金鼓。

译文

管理人数众多的军队，应该像管理人数很少的军队那样得心应手，这是因为军队的编制和组织合理。指挥人数多的军队作战如同指挥人数少的军队作战一样，这是因为联络信号清晰顺畅。

计谋应用

岳飞带军

岳飞为相州汤阴人，出生那年，家乡闹了一场水灾，家里生活非常困苦。岳飞从小刻苦读书，特别是兵法，每次拿起都爱不释手。他力气大，十几岁的时候便能拉300斤的大弓。后来，他听说同乡老人周同武艺高强，岳飞就拜周同为老师，学得一手好箭，能左右开弓，百发百中。

后来，岳飞从了军。金兵南下的时候，他在东京担任一名小军官。有一次，他带领100多名骑兵，在黄河边练兵，忽然有一大队金兵进犯，兵士们都吓呆了，岳飞却不慌不忙地说："对方人数虽然众多，但是他们根本不知道我们的兵力有多少。我们可以趁他们没准备的时候去败他们。"说完，便带头冲向对方阵地，先斩了金军1名将领。兵士们受到岳飞的鼓励，也冲上去，果然把金军杀得七零八落。

如此一来，岳飞的勇敢传遍军队。过了几年，岳飞在宗泽部下当将领。宗泽对他非常器重，常常对他说："像你这样智勇双全的军人，即使古代名将也不过如此。但是光靠冲锋陷阵，毕竟不是常胜的办法。"他交给岳飞一幅古代的阵图，说："你将这个拿回去好好研究一下吧，以后你定会用得上。"

岳飞与宗泽的立场是一样的，他们都将抗金作为自己的职责。宋高宗即位以后，他就马上写了一份奏章，希望高宗能够亲自率领宋军北伐，激励士气，恢复中原。他还批评了黄潜善、汪伯彦一伙投降派的主张。

奏章呈上去之后，宋高宗非但不重视，反而嫌弃岳飞是一名小小将官，多管闲事，革了他的军职。

宗泽去世后，岳飞归东京留守杜充部队。金兵大举进犯，杜充逃到建康，金将兀术（完颜宗弼）攻打建康，杜充又可耻地向金军投降。杜充手下的将士都各自散了，只有岳飞的队伍仍旧坚持在建康附近战斗。趁兀术北撤之时，他与韩世忠配合，把兀术打得大败。

金兵北撤以后，宋高宗从温州回到临安。金朝在中原地区立了一个傀儡皇帝刘豫，国号大齐，充当金朝的帮凶，常常侵扰南宋地界。岳飞率领将士多次将金齐联军打退，建立战功。32岁之时，岳飞已经从一个普通将领提升到了节度使，跟当时的名将韩世忠、刘光世、张俊并驾齐驱了。

此时的岳飞雄心壮志，他渴望收复中原，这个时期他曾经作过一首传唱千古的词《满江红》，从中可以看到岳飞誓死抗金的壮志豪情。词为：

怒发冲冠，凭阑处，潇潇雨歇。抬望眼，仰天长啸，壮怀激烈。三十功名尘与土，八千里路云和月。莫等闲，白了少年头，空悲切！

靖康耻，犹未雪。臣子憾，何时灭？驾长车踏破贺兰山缺！壮士饥餐胡虏肉，笑谈渴饮匈奴血。待从头，收拾旧山河，朝天阙！

岳飞对自己的要求非常严格。宋高宗曾经要为他造一座住宅，岳飞推辞说："敌人还没消灭，哪里顾得上家呢？"别人问他什么时候天下才能太平，岳飞回答说："文官不贪财，武将不怕死，天下才有太平的希望。"

岳飞平时对待练兵也是非常严谨。有一次，他儿子岳云在骑马冲山坡的时候，因为战马失足，摔倒在地，岳飞责打了岳云。其他兵士发现主将对自己的儿子如此严格，在操练时也更加谨慎。

岳家军的军纪非常严格。一次，一名兵士擅自用百姓一束麻来缚柴草，岳飞发现后，立刻按军法严办。岳家军行军经过居住百姓的村庄，夜里都露宿在路旁。老百姓请他们进屋，没有人肯进去。岳家军中有一个口号，叫做："冻死不拆屋，饿死不掳掠。"

岳飞对将士十分关心爱护。兵士生病，经常是他亲自替他们调药；部下将领出征的时候，他就让自己的妻子慰问他们的家属；将士在战争中阵亡，就抚育他们的子女；上级赏给他的财物，一概分配给将士，自己家里丝毫不留。

如此的训练与照顾，使得岳家军士气旺盛，作战勇猛。岳飞在作战之前，总是先召集将领，一起商量作战方案，然后才出战。所以打起仗来，每战必胜，从没有打过败仗。金军将士将岳家军视为死神，没有一个不害怕的，当时在金军中流传着一句话："撼山易，撼岳家军难。"

南宋有岳飞、韩世忠等一批名将，再加上一些对金人十分痛恨的百姓组织起的义军配合，要打退金兵本来是有条件的。但是宋高宗却全然不理会主战派的意见，一味向金朝屈辱求和，1139年，竟然向金朝称臣，每年进贡银25万两，绢25万匹；金朝才把陕西、河南一带土地"偿还"南宋。

1140年10月，金朝将合约撕毁，让兀术统领全国精锐部队，分四路大举进攻。不到一个月的时间，曾经还给南宋的土地，又全部被金军夺去。南宋王朝面临覆灭的危险。此时宋高宗发现再也没有退路了，不得不下诏书，要各路宋军抵抗。

岳飞接到命令后，立刻派遣部将王贵、牛皋、杨再兴等分路出兵，还派人到河北跟义军首领梁兴联络，要他率领义军在河东、河北包抄敌人后方。岳飞在郾城坐镇指挥。

几天后，各路人马纷纷告捷，先后收复了颍昌、陈州和郑州。金军统帅兀术在东京听闻岳飞将要统帅军队进兵的消息后，大为恐慌，连忙召集部下将领一起商量对策。大家纷纷议论，说宋朝别的将帅还容易对付，就是岳家军攻势难挡，但是既然来了，只好集中全力，跟岳家军拼一下。于是兀术率全军进攻郾城。

宋金双方摆开战场。岳飞让儿子岳云领着一支精锐骑兵打先锋，他对岳云说："这次出战，只可胜；如果不能打胜，回来就先砍你的头！"岳云带头冲上阵去，勇猛异常。宋军随着岳云，杀得金兵丢下了遍野的尸首大败而逃。

兀术这一仗失败了，于是调集金兵中最为强悍的"铁浮图"进攻。这是

一支经过兀术专门训练的骑兵,人马都披上厚厚的铁甲,以三个骑兵编成一队,居中冲锋;又用两支骑兵从左右两翼包抄,叫做"拐子马"。

岳飞发现了拐子马的弱点,命令将士上阵时候,带着刀斧,等敌人冲来,然后弯身专门砍马脚。马砍倒了,金兵跌下马来,岳飞就命令兵士出击,把铁浮图、拐子马打得落花流水。兀术伤心异常地说:"自从起兵以来,全靠拐子马打胜仗,此次连这支部队都折了。"但是兀术依然不肯认输,几天后,他又亲自率领12万大军进攻宋军。岳飞部将杨再兴带领300名骑兵在前哨巡视,见到金兵,立即投入战斗,杀伤敌人2000多人,杨再兴也中箭牺牲。宋将张宪从后面赶上,杀散金兵,兀术才不得不逃走。

兀术攻击郾城失败后,又改攻颍昌。岳飞早就料想到了,派岳云带兵救援颍昌。岳云带领800名骑兵往来冲杀,金兵无法抵挡。后来宋军步兵和义军分左右两翼包围,将金兵打得大败。

【孙子兵法】 计谋妙解

原文 凡战者，以正合①，以奇胜②。

 注释

①以正合：用正兵与敌人交战。②以奇胜：用奇兵取胜。

 译文

凡是用兵作战，大多都是用正兵与敌人交锋，出奇兵取胜。

计谋应用

冯异阻击赤眉

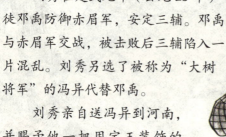

汉世祖光武帝刘秀称帝后，东汉所面临的最大威胁是赤眉军。赤眉军是琅琊人樊崇领导的一支起义军，于天凤五年（公元18年）在莒县起义。这支起义军队伍发展得很快，短短时间聚集了数万人，他们作风淳朴，纪律严明，相约"杀人者死，伤人者偿创"。他们作战时，为了与对方的军队有区别，每人都用赤色涂眉，故称"赤眉军"。赤眉军曾经在成昌与王莽军展开激战，王莽兵败，主帅廉丹被杀，太师王匡逃走。更始三年（公元25年）春，赤眉军队伍已经发展到30余万人，当他们到达华阴时，拥立了一名汉宗室后裔为皇帝，这名皇帝曾是一名十五岁的牧童，名叫刘盆子。刘盆子建号"建世"，建立了自己的政权。九月赤眉军攻入长安，刘玄被绞死，更始政权灭亡。

刘秀在建武元年（公元25年）十月进入洛阳，宣布定都于此，并派大司徒邓禹防御赤眉军，安定三辅。邓禹与赤眉军交战，被击败后三辅陷入一片混乱。刘秀另选了被称为"大树将军"的冯异代替邓禹。

刘秀亲自送冯异到河南，并赐予他一把用宝玉装饰的宝剑，并且嘱咐他说："三辅地区连续遭到王莽、更始的破坏，又遭到赤眉的创伤，生灵涂炭，百姓无处申冤。今天前去征讨赤眉军，不必以略地屠城为胜，重要的是安抚当地百姓。诸将并不是不善于作战，只是好掳掠。这是

我让你去安定三辅的重要原因。"冯异接受命令以后，带领兵士开赴三辅地区。
而这时由于赤眉军在长安一带没有粮食，遂东下就食。于是，冯异与赤眉军
在华阴相遇，二者相距60余里，彼此相战数十次，赤眉军将领刘始、王宣等
5000余人投降。光武三年（公元27年），刘秀遣使拜冯异为征西大将军。此
时的赤眉军依然有很大的势力。

　　有一天，邓禹同车骑将军邓弘等与冯异相遇，约冯异共同进击赤眉军。
冯异说："我已经与赤眉相拒数十日，虽然多次取胜，但是赤眉人多势众，
可以稍施以恩信，诱其慢慢分化，难以用兵强攻。你们屯兵黾池以东，我驻
扎黾池以西，两面对赤眉构成威胁，可一举而取，这才是万全之计。"

　　邓禹听不进冯异的意见，回去之后他便让邓弘发兵大举进攻赤眉军，赤
眉佯装失败，弃辎重而逃，实际上辎重车辆装的全是沙土，只在表面撒上薄
薄的一层黄豆。邓弘的士兵见到后哄抢辎重车辆，一时局面混乱不堪，赤眉
军乘机反击，邓弘大败，冯异与邓禹迅速合兵前来救邓弘，赤眉军才稍稍后退。
冯异认为现在士兵又饿又累，应该休整后再投入战斗，邓禹不听，再次举兵
攻击，又被赤眉军打败，死伤3000余人，邓禹仅以24骑逃归宜阳，冯异也

在慌乱中弃马步行，仅与身边的数人逃回大本营。

　　冯异回营后，坚守不出，招集诸营散乱的士兵数万人坚守，又挑选精兵穿上赤眉军的服装隐蔽在道路两旁。赤眉军派出万余人发动反击，攻打冯异，冯异故意派出一小股军队迎击，赤眉军见冯异兵弱，调遣全部兵力前来进攻，正中冯异的埋伏。由于伏兵都穿着赤眉军的服装，赤眉军难以识别敌我，军队大乱，冯异趁机杀出，被俘者达八九万，余众10余万南下宜阳准备突围，不料又进入刘秀布置的圈套。刘秀亲勒六军，严阵以待，仓皇而来的赤眉军又遇大雨，惊慌不知所措。此时，赤眉军将领发现已经无路可走，樊崇、刘盆子只好向刘秀投降。刘秀对来降的将士进行了安抚，向饥饿不堪的赤眉将士提供了饭食，然后令樊崇等居洛阳，赐宅一区，田二顷，赤眉军主力便退出历史舞台。

 【孙子兵法】 计 谋 妙 解

原文 故善战者，求之于势①，不责于人②，故能择人而任势③。

 注释

①求之于势：祈求、制造有利的态势。②不责于人：不苛责于部属与将士。③择人而任势：挑选人才去利用和创造有利的态势。

译文

善于用兵打仗的人，总是会努力制造一种必胜的态势，鼓励将士而不是苛责。所以他们能够选择人才去利用和创造必胜的态势。

计谋应用

李渊兵临长安

　　隋朝末年，代王杨侑留守长安，他为了防备李渊，派宋老生领2万精兵驻屯于霍邑，又派左武侯车骑将军屈突通率精兵5万驻守河东。

　　公元617年，李渊起兵太原歼灭了驻屯在霍邑的宋老生，兵临河东。河东地区西面靠黄河，自古是兵家的必争之地，因为这里是山西、陕西的交通咽喉重地，是进入长安的要道。李渊和屈突通之间的一场的大战即将展开。

　　当时，薛大鼎刚投靠李渊，他献计说："屈突通驻守河东的孤城，我们的大军不必强攻，军队可以从龙门渡过黄河，进军占据永丰仓（这里是隋朝设立的一个大粮仓），向远近各地发出征讨檄文，关中就将坐而可取了。"李渊对于这一计策颇为赞赏，因为占据了粮仓，就有继续图谋天下的根本。但是，李渊军队中的很多部将却求战心切，希望乘胜继续扫平河东。对于李渊来说河东未平，也是一大顾虑，如果能消灭屈突通，解除自己的后顾之忧，也是一件大喜之事。李渊见众将如此，也就同意了众将的请求，便带兵包围了河东。

　　李渊的军队只有3万，而屈突通驻扎的精兵有5万，长时间的驻扎早使其做好了防守准备。同时屈突通不仅兵多粮足，而且城高墙厚，这一切对李渊都非常不利。如果李渊强攻，短时间内是无法取得胜利的。薛大鼎的计策再次浮现出来，李渊遂召集众将商议这一计划的可行性。

　　长史裴寂主张消灭屈突通，他认为：屈突通率领众多将士坚守河东孤城，如果我们避之而去。那么他会在我们背后乘机偷袭，如果长安的守将再在前方迎战，我军就有腹背受敌夹击的危险。不如先消灭屈突通，长安所依靠的便是屈突通这些援兵，屈突通一旦失败，长安自然也就攻破。李世民对于这种攻占方法非常不同意，他说："用兵贵在神速，现在我们尽可以依靠多次胜利积累起来的威势，安抚归顺来的士兵，堂堂正正地鼓行西进，长安的人一定会闻风震惊恐惧，在这种形势下，就算是有谋略的智者、勇者也来不及谋划防守的策略，现在我们攻取长安就如同秋风扫落叶一样简单。如果我们在这座防御坚实的城池之下停留，慢慢地我们的兵士就会疲惫，长安的守军也会在这期间完善他们的计谋，修筑城防以等待我军。我们在这屯兵坚城之下，慢慢会士气下降，人群离散，成功的大事就会离我们而去。何况关中蜂起的各位将领都没有归属，不可不早日去招降他们。屈突通只会固守在这里，不值得我们顾虑。"

李渊思量再三，最终听取了李世民的意见，他留下一支部队监视屈突通，然后亲自率领大军于9月12日渡过黄河，直接攻取长安。李渊派李建成与刘文静攻占永丰仓，收降守军5000多。刘文静带一部分军队驻扎于此以防备屈突通西进；又分出一部分兵力由李世民率领，向渭水以北进发，与李建成所部形成对长安的合击之势。

沿途，各郡县的守将纷纷投降归附，关中许多名士如于志宁、颜师古、长孙无忌等也都归顺了李渊。原本居住在关中的李渊之女平阳昭公主和李渊

的从弟李神通也散尽家财，举兵响应李渊，民众归附李渊的更是多得不可统计了。李渊率军到达长安城下时，聚集的人马已经有20万之众。

屈突通发现李渊率领大军逼近长安后，马上出兵救援。但却被刘文静所率领的部队阻挡。由于不知刘文静部的兵力，屈突通也不敢贸然前进，竟然停留在潼关以数万精兵与刘部的数千人对峙。

李渊的大军包围长安后，隋将宁死不降，于是大军攻打长安。屈突通的部众依旧驻扎在潼关，在他得知长安大势已去后，很多兵士渐渐散去，屈突通陷入进退无路的境地，最后军心涣散势力渐渐弱了下来，最终被刘文静所擒。李渊攻占长安，为他夺取天下奠定了基础。

虚实篇

本篇主要讲述作战中的虚实原则，特别是避实就虚、以实击虚的原则。这里所谓的"虚"主要指的是兵力虚，防卫虚；而"实"则主要指的是兵力实，攻击实。

【孙子兵法】 计 谋 妙 解

 凡先处战地而待敌者佚，后处战地而趋战者劳①。

 注释

①趋战：仓促应战。

 译文

用兵打仗的一般规律：先进入战斗地点等待对方，就会显得安逸从容；后来进入战地仓促应战，就会非常疲劳。

计谋应用

曹玮静待追兵

　　北宋初年，西夏人经常侵犯边境。一次对方又来侵扰，当时担任渭州知州的曹玮领兵出战，赢得了最终胜利。对方丢下物资逃跑了，曹玮派人打探到敌人已经逃远了，命令士兵赶着敌人丢下的牛羊，抬着他们丢下的物资，缓慢地退军。敌人退了几十里后，听说曹玮军贪图财物行动迟缓，队伍零散，

再次反军袭击他们。曹玮得知后，仍然不慌不忙地带着队伍慢慢走，有部下对此非常担心，对曹玮说："不如我们把这些牛羊丢下吧，带着这些物资，我们既撤不回去，也无法正儿八经的投入战斗，敌人追上来，我们必败无疑。"曹玮对这些话全不理会，队伍还继续往前走，又走了半天，到了一处比较有利于作战的地形，曹玮便命令部队停留下来，在此等待前来追击的敌人。敌人快要逼近的时候，曹玮派人迎上去对他们的首领说："你们一路追来，现在一定非常疲劳，我们不会乘人之危，现在允许你们的人马先休息一会，然后咱们再决战。"

敌人正跑得筋疲力尽，听曹玮如此说非常高兴，便就地坐下来休息。过了好长时间，曹玮派人对敌人说："现在你们休息了很久了，我们可以交战了。"于是双方击鼓交战，曹玮的部队毫不费力就把敌人打得大败。

曹玮的部下对这场战斗取胜如此轻松都感到非常奇怪。曹玮说："当时敌人与我们战斗后，早已经很疲倦。让大家赶着牛羊抬着物资往回走，作出贪图财物的样子，这是为了诱骗敌人，不用我们追赶，他们就会引兵而来。等到他们走了很远之后再回头来袭击我们，一来一往前后近100里地。这时如果我们马上与他们交战，他们虽然疲劳，但是士气正旺，谁胜谁负很难定夺。我让他们先休息一会儿，是因为走远路的人，稍微停下来休息便会感觉到腿脚肿痛麻木，站立不稳，根本无法作战。我就是根据这一经验打败他们的。"

【孙子兵法】 计谋妙解

 出其所不趋①，趋其所不意②。行千里而不劳者，行于无人之地也。

 注释

①出其所不趋：我军出击的地方是敌军无法救援的地方。②趋其所不意：我军奔袭的地方，出乎敌方意料之外。

 译文

我军前去进攻的地方应是敌军无法救援的地方，我军发起奔袭应能出于敌方意料之外。行军千里而不会感觉劳累，是因为行进在敌军没有设防的地区。

计谋应用

白圭经商

魏文侯时期，李悝为相，鼓励国家的农业生产，务尽地力，短时间内魏国形成开荒种地的热潮。

当时魏国有一名年轻人叫白圭，他身强力壮，对于这一切却充耳不闻，仍然待在家里。邻居们劝说道："趁现在国家政策好，你的身体又那么强壮，多开几亩荒地，留给后人，也可保丰衣足食。"他感激地对邻居们一笑，说："我自有获利的好办法。"

没过多久，魏国民众都积极开荒种地时，白圭却开了一个店铺，租了好多间空房，店铺的房子一直空着，不做任何买卖。人们笑他："谁家的买卖是这么做的？"白圭仍然只是对大家微微一笑。

秋天，农业获得大丰收。堆积如山的粮食无处可放，国家只征收一部分，这一年粮价前所未有的便宜。这时白圭打出收粮的招牌，比市价还高五成，

多余的粮食都被收购了，百姓们都夸他是个大好人。

　　第二年，魏国出现几十年不遇的大灾年，春秋两季粮食收成异常糟糕，粮价一下上涨了几十倍。商人们看准了这是一个发财的好机会。这时，白圭开始将囤积的粮食往外卖，标价又大大低于市价，人们都争着来他这里来买粮。不到一个月，白圭曾经收购的粮食全部卖出。

　　收购价是一石一两银子，卖出价是一石十两银子，如此一进一出白圭瞬间成为了巨富。曾经那些劝白圭开荒地的人都说，白圭真是一块不耕而大获的料子啊！

　　白圭在这一次买卖中获得了巨大的财富，从此他坐着高车四处经商，每到一地，不到几天，当地商品的价格与后期行情就了然于胸。然后，下手买卖，从无亏本的事。

　　一次前往一个地方，当地盛产生漆，恰好这一年又是大丰收，漆户都愁漆卖不出去。白圭曾经在申地时，探听到漆价极贵，以此地的价格运到申地，至少能翻几十倍，于是又大肆收购。几天时间，白圭就收购了几十车的生漆。他把收购好的生漆运到申地，一下子又赚了很多银子。

【孙子兵法】 计谋妙解

 故形人而我无形，则我专而敌分①。

 注释

①敌分：敌人分散。

 译文

在即将战斗之时，要让敌军不知道我军会在哪里同他们作战。如此，敌军便会多处设防而分散兵力，而我军便可以专攻一处，面临的敌军兵力便会减少。

君士坦丁堡的陷落

君士坦丁堡为东罗马帝国的首都，三面环水背靠大陆，地势险要；加之东罗马帝国成年构筑经营，城防工事坚固异常。任何人都认为这里是铜墙铁壁，攻破这里可谓是异想天开。

然而，就在15世纪的一次战争中，这里竟被奥斯曼土耳其人攻破了。这场战争可谓是中世纪战争中最激烈、最悲壮的一场。

交战前，彼此都投入了大量的人力、物力，做了充分的准备。当时穆罕默德二世身为土耳其国王，他亲自率领20万大军和300艘战舰，将君士坦丁堡围得水泄不通，决心拿下这座历史名城作为伊斯兰教的中心。君士坦丁堡中的军民孤注一掷，誓死与古城共存亡。他们想尽一切办法加固工事，除了在西面筑起两道坚不可摧的城墙之外，还在城墙上每隔百米筑一堡垒，墙外挖了很深的护城壕，如此细致的部署，使地面与海面都有防备。1453年4月6日，战争正式爆发了。

土耳其兵士从西面猛攻，他们发射的炮弹每颗重达500公斤，对城墙狂轰滥炸，然后便扛着粗大的树干，滚动巨大的木桶，向护城壕冲去，打算将壕沟填平，但是却遭到了城中枪炮的疯狂打击，纷纷败下阵来。

持续了很长时间的强攻没有收到任何效果，土耳其人便打算挖地道，穿过护城墙和城墙，钻入城内，不料地道还没挖完，就被城中的居民发现，他们用炸药炸毁了地道。土耳其人见此计不成，决定投入攻城塔车，在车上筑起塔堡，塔车是一种特质的工程器具，然而仍旧没有起到任何效果。

穆罕默德二世转头重新考察君士坦丁堡的城防虚实，制定新的进攻策略。最后，他发现城北的金角湾水面不宽，东罗马人在这里主要设置了铁索横江来阻挡进攻，如果能从这里绕过铁索，在水路登陆，进行偷袭，定能在敌军毫无防备的情况下攻破城池。然而，这里存在着一个问题，那就是如何使船只绕过铁索抵达城下。穆罕默德和部下冥想了很久，终于思考出一个妙计。

他先找人到热那亚商人据守的加拉太镇去，用重金收买了那里的商人，使商人们允许他在加拉太北面铺设一条陆上船槽。船槽是用坚厚的木板铺成的，从高向低滑行面，槽底又涂上很厚的一层牛羊油脂。土耳其人依靠这条船槽，经过一夜的努力终于奇迹般地将80艘战船拖运到了金角湾的侧面。他们在那里悄悄地架起浮桥，筑起炮台，向君士坦丁堡发动了新的攻势。

当炮声在北城墙外想起，城中的官兵惊呆了，他们无论如何也没料到金角湾会出现土耳其兵。于是，手忙脚乱地从两线撤兵增援，西面的防守交给了来援的热那亚士兵。如此，东罗马军的兵力分散各处，而担任西城墙防守任务的热那亚士兵根本不熟悉地势，致使防卫日趋危急。最终土耳其兵在西城墙打开了一个缺口。

穆罕默德二世狂喜不已的向士兵喊道："勇敢的将士们，虔诚的穆斯林们！冲进去，我将为你们收取一座宏伟而富庶的名城，任你们抢掠，你们都将成为腰缠万贯的富翁！"

土耳其士兵疯狂地向城里冲去，城里军民依旧拼死抵抗，与土耳其人展开激烈的巷战。土耳其人连续两次都败下阵去，最后穆罕默德二世亲自上阵，全力以赴冲了进去。君士坦丁堡终于陷落了。

【孙子兵法】 计 谋 妙 解

原文 夫兵形象水①，水之形，避高而趋下；兵之形，避实而击虚。

注释

①兵形象水：用兵打仗的规律就如同水流的规律一样。

译文

用兵打仗的规律如同水流的规律，水流的规律是从高处流向低处；用兵的规律则是避开敌军的坚实之处，攻击其虚弱之处。

计谋应用

李广掩虚实脱身

西汉景帝时期，势力逐渐强大的北方匈奴，时常集结兵力进犯中原。当时担任上郡太守的飞将军李广，担起抵抗匈奴入侵的大任。

李广为陕西成纪人，自幼习武，骁勇善战，射术无人能比。文帝时，曾多次出击匈奴，杀敌无数，被拜为武骑常侍。景帝即位后，最先派遣他担任上谷太守，后来又徙迁至上郡。

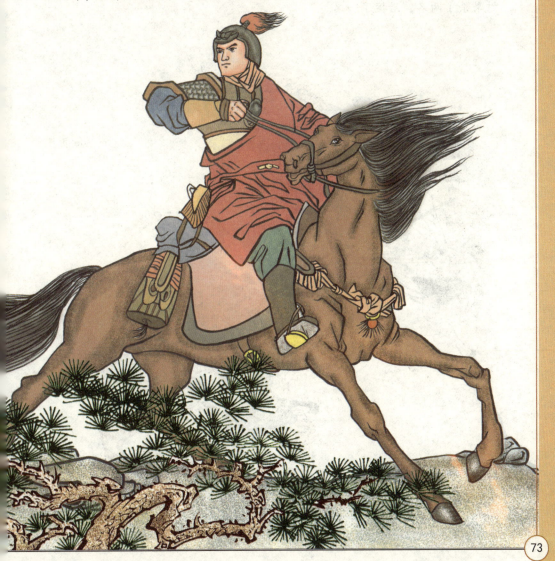

汉景帝中元六年（前154年）六月，匈奴再次兴兵进犯，攻入雁门关，进上郡，抢走朝廷所养的大批马群。景帝得知消息后，立即派出一群宦官前往边关，督促汉军抵御匈奴。

有一天，皇帝派到上郡的官员带领一些人骑马外出打猎。打猎途中遇到了3个匈奴兵，于是就展开了一场小规模的遭遇战，战斗中有宦官被匈奴兵射伤，狼狈逃回了汉军营地。李广查看了宦官以及几名受伤的汉军士兵，说道："射伤你们的这几个匈奴兵一定都是善射之人！"于是，李广亲自率领100余名骑兵前去追击。匈奴士兵没有马匹在关外步行，李广带骑兵追了几十里，终于追上了这3个匈奴兵。于是李广就命令部下左右包抄，自己居中放箭，结果杀了两名，活捉了一名。

　　打算回营之时，忽然发现有数千名匈奴骑兵也向这里开来。李广的骑兵非常恐慌都欲打马回奔。李广沉着地稳住队伍说："现在我们只有百余骑，而且距离我们的大营有几十里。如若现在我们掉头逃跑，匈奴一定会前来追杀我们。匈奴骑兵善于骑射，现在掉头，我们将无一人能够生还！如果现在我们按兵不动，敌人肯定会疑心我们有大部队行动，他们绝不敢轻易进攻的。现在，听我命令，我们继续前进。"一直到了离敌阵仅二里地的地方，李广才下令："全体下马，解鞍休息。"属下多有不解，问："这么多的匈奴兵，我们现在解下马鞍，敌人如果杀过来，我们将如何应战？"李广笑了笑，沉着地回答说："匈奴骑兵以为我们会逃走，现在我们解下马鞍，便是暗示对方，我们不会轻易逃走，如此他们便会更加疑惑我们后面是否有大军，而不敢随便发动攻击了。"于是李广的士兵卸下马鞍，悠闲地躺在草地上休息，一旁的战马在草地上悠闲地吃着草。

　　匈奴部将发现前面的百余汉军骑兵，不退反进，而且还解下马鞍悠闲地躺在草地上休息起来。匈奴将士们见到如此情景感到奇怪而恐慌，恐慌的是怕附近有伏兵。匈奴将领看到李广胸有成竹的样子，害怕中了对方诱敌之计，就忙下令停止进击，远远地观察汉军的虚实，不敢上前来。就这样两军相持两个时辰，双方都不敢轻举妄动，终于，匈奴将领再也沉不住气了，便派了一名骑白马的将军出阵观察形势。李广发现后，立即命令10余个精锐士兵上马，亲自率领冲杀过去，张弓搭箭，一箭将这名白马将军射死于马下，然后又回到原地，下马继续休息，匈奴兵越看越是怀疑。天色渐渐黑下来，李广的人马仍然没有任何动静。他们认定汉军一定有埋伏，匈奴部将怕半夜遭到汉军大部队的突袭，就趁夜色掩护带领军士慌慌张张地撤回。天亮以后，李广发现山上的匈奴兵已经撤离，才带着100多名骑兵安然回到大营。

军争篇

本篇主要讲述在两军对垒中，为将者必须要掌握的战略和战术。但着重论述"以迂为直，以患为利"的"迂直之

【孙子兵法】 计谋妙解

 原文 凡用兵之法，将受命于君，合军聚众①，交和而舍②，莫难于军争③。

注释

①合军聚众：将人们聚集起来，组成军队。②交和而舍：两军处于对峙状态。③军争：在作战中，争取夺得胜利的有利条件。

 译文

用兵的原则，统帅接到国君的命令，从征集民众，编成军队，然后到与敌军对峙，这其中再也没有比率先争夺制胜条件更难的了。

计谋应用

韩世忠水战金军

北宋末期，金朝名将完颜宗弼攻取了临安以后，很多士兵因为水土不服，又无法追上宋高宗赵构，只好带兵北返。

当时金军到达镇江以后才发现，宋朝名将韩世忠已经率领水师驻扎在焦山、金山脚下，截住了金军的归路。此时金兵共有人马10余万，而韩世忠手下军士却只有8000人马，虽然金兵远征作战，士兵劳顿，然而双方力量对比还是极为悬殊的。金兵大多都生长在草原，根本不擅长水战，而且他们乘坐的战船都很小，而宋军的士兵都是惯于江海作战的水师。韩世忠与夫人梁红玉抓住了这一优势袭击金兵。

　　此时的金兵因为长期征战的缘故，早已十分疲惫，更有不少士兵因为水土不服拖着病体，加上对家乡的思念，很多士兵这时已急迫盼望北归，军心不稳，士气不振。宗弼率先对前来阻击的宋军发动进攻。宋军中军楼船上端坐一名女将，正是韩夫人梁红玉。红玉举槌击鼓，宋军士气猛涨，气势十足的冲向敌军。金军不习水战，在船上本来就摇摇晃晃站不稳，现在遭此猛击，更是失去了支点，纷纷从船上掉入江中。鼓响接连不断，声音越来越急促，韩世忠率兵迅疾冲向敌人指挥舰，拦击宗弼。宗弼惊慌异常，率领金军仓皇撤退。折兵损将，损失惨重。

　　面对败局，宗弼再也没有任何办法，他派遣使者前往韩世忠驻军处谈和，表示愿意将掠夺而来的人口及财宝全部献给韩世忠，只要能让自己回去。韩世忠斩钉截铁地予以拒绝。金军沿江北上，企图伺机偷渡。韩世忠发现后一直追击金军，且战且行，最终将金军逼近了建康东北的死水港。韩世忠命人将出口堵住，企图突围的进军多次被打败。金军被困20多天，粮草断绝，眼看就要全军覆没，最后，金军拼尽全力挖通了30里老鹳河故道，才算勉强逃离了建康。

【孙子兵法】 **计谋妙解**

原文 夫金鼓旌旗者，所以一人之耳目也①。人既专一②，则勇者不得独进，怯者不得独退，此用众之法也③。

注释

①一人之耳目：进而统一将士们的行动。②人既专一：将士们行动既然有了统一的指挥。③用众之法：指挥众多将士作战的方法。

译文

战斗中的金鼓旌旗是用来统一将士们的耳目，从而统一将士们的行动。既然将士们的行动有了统一的指挥，那么勇敢的将士不会单独前进，胆怯的也不会独自后退，这就是指挥众多将士作战的方法。

赵奢迷惑秦军

赵惠文王时，廉颇与蔺相如在赵国同时担任上卿，还有一人与二人担任同等职位，同样为赵王所信任，他就是赵奢。

此人原本是一名收税小吏，他执法期间很严。曾经，赵国平原君赵胜非常有势力，他手下的家臣仗着主人的势力而目无法纪，公然抗税。赵奢一口气杀了赵胜手下9名抗税家臣。后来，赵惠文王发现此人，便让他管理全国税收，

赵奢将一切打理的有条有理，赵王对他非常信任。

赵惠文王二十九年（前269年），秦国将领胡阳率兵包围了赵国的阏与城。赵惠文王赶忙召集大臣商量对策。廉颇与乐乘等老将，都认为道路险远，难以救援，赵奢却说："在远征途中的险狭之地打仗，如两鼠争斗于洞中，勇猛之人才是最终的胜利者。"于是赵惠文王命令赵奢带兵前去救援。

赵奢带兵离开赵国都城邯郸后，只向西行军30里就停了下来，还对自己的部将下了一道命令："有来谈军事、劝我急速进兵者，斩！"当时秦军在武安西侧驻扎，整日操练兵马，准备一举攻取赵国城池，与赵奢一同前去救援的将士都非常着急。最终有一名军吏实在忍耐不住，来见赵奢，请求前去速救武安，赵奢二话不说将其头颅砍下。

一个月的时间，赵奢一直按兵不动，还不停地加固工事，构筑营垒。秦国军帐派出使者前往赵奢营中，赵奢用好酒好肉款待他，并且非常客气的将对方送走。明知是来刺探军情，赵奢却不动声色。

将秦国使者送走后，赵奢立即下令拔营，急行军一昼夜，来到阏与前线。秦将胡阳听了秦国使者的报告，以为赵奢驻足不前，自己指日便可夺取阏与。

此时一名叫许历的军士冒死前来拜见赵奢，他说我宁可被腰斩，也要向统帅进言。赵奢说："前令是在离开邯郸之时为迷惑秦军下的，现在已经过时了，你讲吧！"

许历说道："阏与北山是此场战争的关键，先上山者胜，后上山者败。"

赵奢仔细思考了片刻，然后派遣1万精兵火速抢占北山。

赵军刚刚登上山顶，秦军也来到山下，他们蜂拥而上，山上赵军箭如雨下，秦军多次冲锋，都无法冲上去。赵奢下令总攻，赵军从四面八方掩杀过来，秦军弃甲抛戈，狼狈而逃。

【孙子兵法】 **计谋妙解**

 三军可夺气①，将军可夺心②。是故朝气锐，昼气惰，暮气归。

注释

①三军可夺气：对于强盛的三军之众来说，可以先使其失去锐气。②将军可夺心：对于志在必得的将帅来说，可以先使其丧失决心。

译文

要想打败强盛的三军，必须先挫其锐气，使其士气尽失；要想打败志在必得的将帅，必先动摇他的决心，使其失去斗志。这是因为，敌人早晨士气旺盛，中午士气懈怠，到了晚上士气便衰竭了。

计谋应用

刘琨以胡笳乱其军心

刘琨善于吹胡笳，为东晋爱国将领。晋怀帝在公元308年任命刘琨担任并州刺史。此时，并州常常遭到匈奴兵侵犯，百姓到处逃亡。刘琨招募了1000多个兵士，经历了数不清的困难，转战到了并州的晋阳。

早已如同废墟一般的晋阳城，到处是被焚毁的房屋，满地长着荆棘，一片荒凉，已经很久没人居住过。

如此情况让刘琨心里极为难过。他带领兵士砍掉荆棘，掩埋尸体，将房屋与城池重新修复起来。他亲自率领兵士守城，防备匈奴兵的袭击。他还采取计策，让匈奴的各部落互相猜疑。在后来的几次战争中，有1万多匈奴人投降了刘琨，连汉主刘渊也害怕了，不敢侵犯。

刘琨将在外流亡的百姓都召回来耕种荒地。不到一年时间，这里又恢复了一片生机，处处可以听到鸡鸣狗叫的声音，晋阳城渐渐繁荣起来。

刘聪攻破洛阳之后，西晋曾安置在北方的兵力大多被打散了，只有刘琨还在并州一带坚持战斗。晋愍帝在长安即位后，派人封刘琨为大将军，命令他统率并州的军事。

此时，汉国大将石勒，占据了襄国，聚集了几十万大军，想要一举夺取并州。刘琨南面是早已垂涎的刘聪，北面又出现一个庞大势力的石勒，前后受敌，处境困难到了极点。但是刘琨没有害怕，没有退缩。他在一份奏章中对晋愍帝说："臣跟刘聪、石勒，势不两立。如果不讨平他们，臣决不回朝。"

有一次，数万匈奴兵将晋阳团团围住。刘琨见势不妙，如果同匈奴兵硬拼，只会兵败城破，于是他一边进行严密的防守，一边修书请求援军。过了7天援军还未到，城内粮草不济，兵士恐慌万状。刘琨登上城楼，俯眺城外敌营，苦思冥想退兵之计。忽然他想起"四面楚歌"的故事，于是他将会吹卷叶胡笳的军士全部请到帐中，很快组成了一个胡笳乐队，朝着敌营那边吹起了《胡笳五弄》。吹得十分哀伤、凄婉，匈奴兵听到之后，军心骚动。半夜时分，再次吹起这支乐曲，匈奴兵怀念家乡，皆泣泪而回。

【孙子兵法】计谋妙解

原文 高陵勿向①，背丘勿逆②，佯北勿从③，锐卒勿攻，饵兵勿食，归师勿遏，围师必阙，穷寇勿迫。

 注释

①高陵勿向：不可仰攻占据了高地的敌军。②背丘勿逆：不可正面攻击背靠着丘陵险阻地带的敌军。③佯北勿从：不可追击假装打了败仗的敌人。

译文

对于占据高地的敌人不可仰攻；对背靠丘陵险阻之敌不可正面攻击；对于伪装打败之敌不可追击；对士气旺盛之敌不可强攻；对敌军的诱饵之兵不可贪吃；对正在撤兵回国的敌军不可阻击；对被包围的敌军，可在一面留下缺口；对于已陷于绝境的敌军，不可过于逼迫。

计谋应用

七擒七纵

　　三国时期，蜀国南方诸夷发动叛乱。身为蜀国丞相的诸葛亮早已看清了事态的严重性，其不仅关系到蜀汉后方的稳定，同时也关系到诸葛亮想要伐魏的大业，于是丞相诸葛亮决定亲自率军远征。

　　诸葛亮率领军队从成都出发时，参军马谡等依依不舍地送行，诸葛亮询问破敌之策。马谡说："南中地势险要地处偏远，就算我们今天用武力打败他们，大军一退他们还是会反叛。如果他们得知丞相举兵北伐曹魏，得知国内兵力空虚，就会加紧举行叛乱。如果以武力将其赶尽杀绝，又失道义。臣下认为对于南中之地应该以攻心为上，攻城为辅。希望丞相不要专用武力，要注意征服他们的心。"

　　诸葛亮对于马谡的建议非常赞赏，表示接受，这和他自己的想法正好一致。诸葛亮兵分三路，沿途将少数叛军平复，主力行至益州郡。

  这个地方是叛军的根源，叛军首领为孟获，且为少数民族首领，在南中地区很有威信和影响。诸葛亮为了将少数民族和蜀汉政权的矛盾解开，并且消除南中时常叛乱的根源，使蜀汉在南中地区的统治可以稳定建立，和谐发展，在以军事力量作为后盾的前提下，对深得"夷汉所服"的孟获采用"攻心"战术。在大军将要进攻前夕，诸葛亮传令三军，与孟获作战时不得伤害他，只能生擒。

  经过第一次交战，孟获中计被擒。诸葛亮对孟获不杀不辱，为了使他降服，还有意在他面前显示一下自己士兵的战斗力，命令军队列成阵势，亲自把他领到阵前，说："如此的军队你能打赢吗？"孟获回答说："第一次交战我根

本不知道你军的虚实，被你用计打败。现在我看过你军的阵势，了解了实情，不过如此。如果还有机会可以再战的话，我一定能够取得这场战争的胜利。"诸葛亮微笑着说："那我就再给你次机会。"诸葛亮见他没有心服，就把他放了回去。

孟获回到自己的营地，拖走所有船只，据守泸水南岸，阻止蜀军渡河。诸葛亮趁孟获不备，从敌人不设防的下流偷渡过河，并且袭击了孟获的粮仓。孟获愤怒之极，想要严惩将士，激起将士的反抗，于是孟获手下的将士相继投降，并趁孟获不备，将孟获捉拿绑赴蜀营。诸葛亮发现孟获仍然不服，于是又一次将他放了回去。以后来来往往共七次，七次擒拿孟获，又七次将他放了回去。第七次，孟获装备了一队刀枪不入的藤甲兵，厉害非常，这也是孟获的压箱法宝。但最终还是被诸葛亮以火攻破，第七次生擒孟获。这一次诸葛亮又要放他的时候，孟获感到惭愧之至，同时发现自己确实不是诸葛亮的对手，诸葛亮智谋高超，而且又不是存心与自己为敌，也没想将自己赶尽杀绝，于是不愿再如此打下去，他便心悦诚服地率众投降了。

篇主要论述在作战过程中，要实行迂直之计，为将者必
地形和敌情的变化灵活处置，变通应敌，在特殊情况下
"君命"也"有所不受"，决不可机械行事，贻误战机。

九变篇

【孙子兵法】 计谋妙解

原文 凡用兵之法，将受命于君，合军聚众，圮地无舍①，衢地交合②，绝地无留③，围地则谋④，死地则战。

注释

①圮地无舍：在山林险阻沼泽的地方不能宿营。②衢地交合：兵士驻扎在与多国相邻的地方要重视与邻国结交。③绝地无留：在缺乏生存条件或地形十分险恶的地方，军队不可在此逗留。④围地则谋：行军途中军队进入四面地形险恶、敌军可以任意往来而我军却难以出入的地区要想办法尽快离开。

译文

用兵打仗的法则是，将军接受了君主的命令，征集民众，组成军队，然后出征。行军时碰到山林险阻沼泽的"圮地"，不可以在此宿营；遇到与邻国接壤、四通八达的"衢地"，要注意与邻国结交；遇到缺乏生存条件或地形十分险恶的"绝地"，不可在此逗留，要迅速通过；遇到四周地形险峻，敌人可以往来，而我军无法正常出入的"围地"，应设计赶快离开，免遭包围；遇到前无进地，后有追兵的"死地"，应率将士们尽力而战，以求脱险。

计谋应用

张学良奔丧

1928 年 6 月，张作霖在关内与蒋介石作战中失利，从北京出发往东北沈阳撤退。由于当时的大军阀张作霖没有满足日本侵占满蒙的一些要求，引起日本帝国主义对他极大的不满，日军决心除掉他。6 月 4 日的清晨，当张作霖乘坐自己的专列到达京奉路和南满路交叉处的皇姑屯车站时，被日本关东军预埋的炸弹炸死。

这天恰巧是张学良的生日，张学良是张作霖的儿子。这一天，张学良正与杨宇霆、孙传芳以及军团部高级幕僚们在北京的寓所万宇廊聚会。接到奉天传来的密电，得知父亲被炸的消息后，张学良悲痛万分。张学良知道这件事事关重大，绝对不能慌乱，故表现得十分镇定。

最初，张学良找了几名自己信任的人进行商议，将所辖部队的撤退细节一一做了妥善安排，把自己的军队全部安全撤退到滦县。并将军队的指挥权交给自己颇为信任的杨宇霆，然后张学良秘密地从滦县乘车，启程返回奉天。为了掩人耳目，防止日本人再次对自己加以谋害，他特地剃了发，换上灰色的士兵服装，化装成一名"伙夫"模样，乘坐普通的闷罐军车，安全回到奉天帅府。

张学良见到了父亲被炸后的尸体，伤心欲绝，号啕大哭。但是他刚刚到达东北，一切事情都还没能安排妥当，一旦消息外露，可能会引起动荡和混乱，日本人则会乘机浑水摸鱼。忍住万分悲痛的张学良，决定秘不发表，只是对外称父亲张作霖虽然被炸受伤，但是没有生命危险。他严禁闲杂人员进入父亲卧室，厨房每天仍旧为张作霖准时"开饭"，医生给张作霖按时"换药"等，不露任何破绽。虽然日本人多次派人前去打听，但是都被巧妙应付过去。张学良将各方面的事情都做了周密的安排之后，才于6月21日正式给父亲发丧。7月4日张学良继承了父亲的职位，担任东北保安总司令。

【孙子兵法】 计谋妙解

 智者之虑①，必杂于利害②。杂于利而务可信也③；杂于害而患可解也④。

 注释

①智者之虑：聪明的人思考问题。②杂于利害：对于问题多方面考虑。③务可信：任务可以成功。④患可解：灾患可以解除。

译文

聪明人思考问题时，必定会从多方面考虑问题的利害。只有在处于不利情况时，能充分考虑到有利的方面，对于任务的完成才会充满信心；只有在情况顺利时，能充分考虑到种种不利因素，才能解除各种可能产生的祸患。

计谋应用

赵充国智取羌人

　　汉武帝在位时期，朝廷决定开辟河西四郡，目的在于隔绝西羌与匈奴之间的通道，并驱逐西羌各部，不让他们在湟中地区居住。后来汉宣帝即位，羌人通过派遣使臣请求朝廷，希望北渡湟水，迁到没有田地的地方去放牧。汉宣帝接受此事后，询问赵充国对此事的看法，赵充国说："羌人容易控制的原因在于各部都有自己的首领，他们之间总是互相攻击，没有形成统一之势。匈奴很多次对羌人引诱，企图与羌人一同进攻张掖、酒泉地区，然后让羌人在此居住。这些年来，匈奴西部地区一直受到乌孙的困扰，我断定他们会派遣使者与羌人部落联系。由此一来西羌事变还会发展，并不只限于目前的局面。他们还会和其他部族再次联合，我们应提前做好准备。"

这次事件过去一个多月后，正如赵充国预测的那样，羌人首领派使者前往匈奴处借兵，企图进攻鄯善、敦煌，阻碍汉朝通往西域的道路。

西汉神爵元年（前61年），汉宣帝派遣大臣辛武贤、许延寿率军与赵充国部会合，大举进攻羌人。这个时期，赵充国尽力安抚羌人，已有1万多人归附。赵充国的奏章还没有发出，便接到朝廷攻打羌人的诏令。赵充国不主张对羌人用兵，而是派步兵在当地屯垦戍卫，等待反叛的羌人自行败亡。身边的人劝说赵充国不要坚持自己的意见，要以诏令为重，赵充国却认为，实施屯戍政策不仅可以解决羌人的叛乱问题，而且可以起到抚慰四方蛮夷的作用。此时赵充国的儿子赵卬担任中郎将，由于害怕父亲抗命会遭到杀身之祸，便让门客去劝赵充国，说："如果将军一旦抗命不遵，御史前来问罪之时，将军怎么能自保呢，又怎能保证国家的安全？"赵充国对于这一切不闻不问，始终坚持自己的想法，多次上书汉宣帝，重申自己的观点。他说："对付羌人最好的办法是智取，武力镇压难度很大，所以我认为全力进攻不是上策！因此我建议：陛下能够下令撤除骑兵，留步兵1万人，分别屯驻在要害地区，一面武装戒备，一面耕田积粮，恩威并行。如此不仅节省了一大笔开支，而且还可以维持士卒的费用。留兵屯田足可平定西域。"

汉宣帝将这些奏折与大臣一一过目后，得到大臣们的赞同，于是汉宣帝采纳了他的建议并嘉勉了赵充国。

鹬蚌相争，渔翁得利

苏秦的弟弟名为苏代，也是一名机智之人。一次，苏代听说赵惠文王要派兵攻打燕国，觉得这对赵、燕两国都没有什么好处，他决定劝赵惠文王改变这个主意。

于是苏代前去规劝赵惠文王。见到赵惠文王，苏代先不提进谏之事，却换个角度对赵惠王说他在易水河边看到一件新鲜事：

河边有一只很大的河蚌张着壳在晒太阳，柔和而美妙的阳光照在它白嫩的肉上，它感觉舒服极了。可是，就在这时一只精瘦的鹬鸟从河蚌的后面偷偷地走过来。它真是饿极了，举起尖利的长嘴巴，向河蚌露出壳外的鲜嫩的肉一口啄去。

受到突然袭击的河蚌，急忙夹紧坚硬的外壳，把鹬鸟的长嘴牢牢地夹住了。

鹬鸟挣扎了许久后，依然没有挣脱，河蚌的硬壳夹得越来越紧。鹬鸟恶狠狠地说："河蚌呀河蚌，你不要这样凶狠，如果有两天时间不下雨，你不是要干死渴死吗？我就等着吃你的死蚌肉了！"

河蚌的那一块嫩肉依然在鹬鸟的嘴巴里叼着，十分疼痛，但是它并不服输，嘲笑鹬鸟说："你要吃我的肉，我便在今天要你的命！我就这么一直死死地夹着你不放。非要让你饿死在这里！"它们彼此一直在争吵，谁也不肯让步。正在这时，有一名渔夫远远看见这边的动静，就疾步跑了过来，伸手把它们都逮住了，放进了鱼篓。如此鹬鸟和河蚌都成了渔夫家餐桌上的美食了，鹬和蚌再后悔也来不及了。

赵惠王听得津津有味，很感兴趣。苏代转移话题道："请大王认真思考燕、赵两国的关系，还有后面垂涎三尺的秦国。

赵惠文王恍然大悟，对于出征燕国之事再也不提了。

【孙子兵法】 **计谋妙解**

 原文 屈诸侯者以害①，役诸侯者以业②，趋诸侯者以利③。

 注释

①屈诸侯者以害：要使别的诸侯国对我方屈服必须用他们最畏惧的灾害去威胁他们。②役诸侯者以业：用种种任务去劳役别国人民，使之疲劳不堪，不得安逸。③趋诸侯者以利：要以利益引诱别的诸侯各国，使他们归附。

 译文

要想使别的诸侯国屈服，就要用他们最害怕的事情去威胁他们；要使别的诸侯国受驱使，就要使用种种任务去劳役他们；使别的诸侯国归附，就要以种种利益去引诱他们。

计谋应用

明送暗取

公元前659年，晋国派遣军队进攻虢国。出征虢必须经过虞国，如果虞国国君不同意晋国的军队从这里经过，那么晋国则束手无策。大臣苟息对晋献公说："虞国的国君是一名见利忘义之人，鼠目寸光，大王只要把我们的国宝送给虞公，他一定肯答应借我们一条路，让我们通过虞国。"

苟息说的"国宝"——一匹千里马和一块璧是晋献公最为珍爱的两件奇物，因此他对苟息说："这两件是我平生最为喜欢的宝物！再说，虞国有宫之奇这样的贤臣在，定会劝谏不让路给我们的！"

苟息道："我们把宝物送给虞公，只不过为千里马换一个马厩，为璧换一个仓库，这些马厩和仓库早晚都是您的啊！宫之奇这个人虽然足智多谋，但是他绝不敢犯上强谏，虞公绝不会听从他的劝告。"

于是，晋献公接受了苟息的建议，派人将千里马和璧送给虞公，果然虞公没有听从宫之奇的劝告，打算借路给晋国。晋军从虞国经过到达虢国，攻占了虢国的都城，虢国迁都到上阳，拼力死战，晋军无法攻取，便撤军回到晋国。

公元前655年，晋国再次聚集精兵良将，向虞国借路攻伐虢国。宫之奇劝说虞公道："虢虞两国唇齿相依，虢国灭亡了，虞国也就日薄西山了。正所谓'辅车相依，唇亡齿寒'啊！"

虞公道："晋国与我是同宗，他们又怎么忍心害我呢！"再次拒绝宫之奇的劝告，借路给了晋国。

宫之奇回家之后，对众人说："晋国这次出兵，一定能将虢国灭掉，回国途中，也定会占领我们虞国，大家各自逃命去吧。"于是，带领族人，逃离了虞国。

晋军在这一年出重兵从虞国进入虢国，迅速将虢国的都城上阳攻克，灭亡了虢国。

回去的途中，晋军趁虞公毫无防备之机，一举灭亡了虞国。

【孙子兵法】 **计谋妙解**

 无恃其不来①，恃吾有以待也②；无恃其不攻，恃吾有所不可攻也③。

注释

①无恃其不来：不要依靠寄希望于敌军不来进犯。②恃吾有以待：要依靠自己有充分准备。③恃吾有所不可攻：依靠于自己有充分准备，才不会被攻克。

 译文

不要将希望寄托于敌军不会前来侵犯，应该依靠自己有充分的准备，严阵以待；不要将希望寄托于敌军不会来进攻，而是要依靠自己坚固的防守，使敌人攻不可破。

诸葛亮智算华容道

　　历史上著名的赤壁大战上的大火还未燃尽，追击曹操的行动已经开始。诸葛亮让赵子龙接回夏口，他便调兵遣将，准备伏击兵败赤壁的曹操兵马。诸葛亮派遣赵子龙领兵3000，设伏乌林；派遣张飞领兵3000，设伏葫芦口外；第三路，便是关羽带领500校刀手设伏于华容道。诸葛亮料定关羽讲义气，可能会"放曹"，关羽在诸葛亮面前立下军令状：如果曹操败走华容道，必定将其拿获，否则，"愿依军法"。当时诸葛亮也立下军令状：曹操兵败之后，一定会从华容小道奔荆州，否则甘愿受罚。

　　诸葛亮对关羽说："只要将军依我计行事，曹操必走华容道。到时你可以在华容小路高山之处，堆积柴草，放起一把火烟，引曹操来。"关羽听后不屑地问："曹操看到烟火，必定知道有埋伏，又怎么会来呢？"诸葛亮笑着回道："这便是兵法中的虚实之论！曹操虽然熟知兵法，但是这样便可以瞒过他。他看到烟起，一定以为是虚张声势，必然投这条路来。"关羽对此仍是将信将疑，立下军令状后，便领兵而去。

　　赵云首先遇到了逃跑的曹兵，曹兵发现埋伏后夺路而逃。曹军跌跌撞撞进入张飞的埋伏地，又被张飞杀得人仰马翻，不少将士已经全身带伤。

　　在曹操手下将士拼命掩杀下，曹操终于摆脱张飞追杀。曹操收拾残兵败将来到一个岔路口，此处有两条路通往荆州：一条是大路，虽较平坦，但要远50里；另一条是小路，虽然近50里，但是道路狭窄，坎坷难行。曹操带领军马正处于岔路口思考走哪条路，上山观察回来的士兵报知："小路山边有几处烟起，而大路上没有任何动静。"曹操决定取华容小道直奔荆州。跟随曹操的将领非常不明白，纷纷发问："有烽烟的地方，一定有军马埋伏，为什么要走这条小路呢？"曹操自鸣得意地说："你们没有看兵书上说：'虚则实之，实则虚之。'诸葛亮诡计多端，定是派人在小道上烧烟，使我军不敢从此山路走，他却伏兵于大路等着。我已经料定，偏不中他的计！"于是曹操带领一群狼狈不堪的残兵败将走上了坎坷难行的华容道。由于雨后道路泥泞，加上败兵自相践踏，曹操的人马又折了七成，方才走过了崎岖的山路，来到了较为平坦的地段。曹操再回身看后面的士兵，发现只剩下300余人，而且全部都是焦头烂额，

忽而他在马上扬鞭大笑说："诸葛亮当真是无能之辈，如果他在这里设少数人马，我们这些人全部都要束手就擒。"曹操话音未落，就听到一声炮响，早已埋伏在华容道两边的500校刀手摆开阵势，为首大将正是关云长，手提青龙偃月刀，跨赤兔马，截住去路。面对愤怒的关云长，曹操打也打不过，逃也逃不了，只能催马向前，面对关云长低头求饶，关云长最终还是为了报恩放走了曹操。

行军篇

本篇主要论述作战中有关行军的各种问题，诸如行军时如何安营扎寨，如何观察和利用地形，如何侦察敌情，等等。

【孙子兵法】计谋妙解

原文 凡处军相敌①，绝山依谷②，视生处高③，战隆无登④，此处山之军也。

注释

①处军相敌：带领军队行军、扎营、作战，一定要观察判断敌情。②绝山依谷：军队在穿越山地之时要依傍着溪谷行进。③视生处高：驻扎军队的时候一定要将军营驻扎在地势高、视野开阔的地方。④战隆无登：不可去仰面攻击占据高地的敌军。

译文

一般率领军队作战，要善于观察判断敌情，在穿越山地之时，要依傍着溪谷前进；驻扎军队要将营地驻扎在地势较高、视野开阔的地方；不可去仰面攻击占据高地的敌军。这是在山地处置军队行军作战的原则。

计谋应用

火烧连营

刘备为了报关羽被害、荆州被夺之仇，亲自率领70万大军顺长江东下，攻击东吴。孙权命陆逊担任大都督一职，并授予符节，统领各部兵马5万，前往迎敌。刘备军队屯营在巫峡、建平至夷陵界一线，共几十处，连成一片，并以金银布帛及各种封号为诱饵，诱引各少数民族部落参与攻击吴国的战斗。刘备拜将军冯习为大都督，张南为前部先锋，辅匡、赵融、廖淳、傅彤等为别督。刘备先是派遣一名将军率领数千兵马在平地安营扎寨，对东吴军挑战，连胜十余阵，势在吞吴。

刘备大兵压来，陆逊和韩当一同观察情况，韩当想要率军出击，陆逊不允许，并且说道："刘备兵刚来，又一连打胜十八阵，锐气正是旺盛之时……他们现在驰骋于平原旷野之间，正得志，只要我们坚守不出，对方求战不得，一定会转移，将营地驻扎于

山林树木之间。到那个时候我会用计谋战胜他。"

没过多长时间，陆逊发现蜀军的营寨全部移进树林之中，而且蜀军士气下降，意志懈怠，对一些风吹草动不做任何提防。陆逊发现机会来了，立即升帐聚大小将士听令：

首先让士兵们各拿一把茅草扎，以火攻敌。蜀寨火起，各部全力进攻蜀军，蜀军全线崩溃。

斩了蜀将张南、冯习及胡王沙摩珂等人首级，一举攻破蜀军40余座营寨。杜路、刘宁等蜀军将领无处可逃，只好投降。刘备带着剩余的残兵败将抢占马鞍山凭险据守。陆逊督各部兵马四面围攻。蜀军土崩瓦解，死者万余。刘备趁着夜色掩护冲出重围，靠沿途驿站焚烧将士丢弃的军乐、铠甲等来阻断追兵，这才逃回白帝城。所有舟船、军械等军用物资，丧失殆尽，蜀军尸骸漂满江面，顺江而下。

 【孙子兵法】 计谋妙解

原文 凡军好高而恶下①，贵阳而贱阴，养生而处实，军无百疾，是谓必胜。

注释

①凡军好高而恶下：大凡军队扎营都是喜欢选择地势高而且向阳的地方，讨厌地势低下的潮湿地方。

译文

大凡军队安营扎寨都喜欢处于地势较高并且向阳的地方，厌恶地势低洼的潮湿地方，都重视向阳明亮之处而不喜欢阴暗背光之处，同时还要是水草丰盛、粮食充足、物资供应方便的所在，这样才能使军士不生各种疾病，才能每战必胜。

关羽水淹七军

　　三国时，曹操率兵在汉中一带与蜀军交战，大败后退。蜀将关羽乘胜追击，带兵攻打樊城。樊城守将曹仁赶忙请求曹操前来救援，为解樊城之围，曹操急忙命令于禁、庞德率七路人马火速赶去支援。蜀魏两军经过几次交锋，不分胜负。关羽在与庞德对阵时，不小心左臂中了魏军暗箭，两军于是形成对峙之势，战争一再拖延。

　　此时正值秋季，连绵的阴雨不停地下着。远道而来的蜀军如此与对方相持下去，必然会粮草不济。为了寻找快速破敌之策，关羽一边养伤，一边苦

苦寻求速战速决之法。一天，其子关平报知关羽，于禁和庞德的七路人马移驻樊城以北。关羽听后，赶忙带人上高处察看。看到襄江因暴雨连绵，水势猛涨，河水湍急，而于禁、庞德的大军沿城北的十里山谷驻扎。关羽观察了半天，忽然兴奋地喊了一声："这下我可生擒于禁了！"众将一听，都感到很疑惑，没有人相信他的话。

关羽回到营寨之后，连忙命令手下兵将赶造大小船只和木筏子，又派兵士到襄江上游的各谷口截流积水。于禁和庞德对蜀军行动一无所知，于是按兵不动，静观其变。

一天夜里，天空又开始下起大雨，狂风不止。蜀军乘势决口放水，一时间水流好像山洪爆发一般，汹涌而下，直奔山谷而去。于禁、庞德见洪水铺天盖地而来，急忙组织士兵救急。魏军哪里能挡得住这迅猛的洪峰，顿时乱作一团，四下逃命。于禁和庞德带着残存的魏兵躲在小丘上，总算熬到了天亮，这时四周已全部是水，樊城也被淹了大半。魏军被洪水淹死大半。

【孙子兵法】 计谋妙解

 原文 兵非益多也①，惟无武进②，足以并力料敌，取人而已，夫惟无虑而易敌者，必擒于人。

 注释

①兵非益多也：军队并不一定是越多越好。②惟无武进：只是不要莽撞轻进。

译文

用兵并不是军队的数量越多越好，只要不莽撞轻进，并能判明敌情，集中使用兵力，取得部下的信任和支持就行了。只有那些不深思熟虑仗着自己勇敢而轻敌的人，才会在战争中被敌军擒获。

黄霸断案

西汉宣帝时期，颍川郡出现一件新鲜事儿，有两个女人为了争夺一个男婴，打了很长时间的官司而没有结果，搞得当时的县令焦头烂额。

这二人是当地一户有钱人家的两妯娌，两家住在一起。说来也巧，两个女人同时怀了身孕，可临产时，一人伤了胎，一人生了个胖小子。伤了胎的很嫉妒，便将人家的亲骨肉偷走了。被偷的岂能答应，拼死拼活地要夺回儿子，兄弟二人也渐渐成了冤家。官司打得死去活来，来来回回很多次，郡守无从下手，不知道应该如何判决。争夺的是活生生的孩子，而不是财物，弄不好要出人命的。

黄霸奉诏担任颍川太守，刚到此处上任便听到了这桩新鲜事儿，马上招来两家审理。大家听说新来的太守放出话来，要快刀斩乱麻，当堂处理这个积久未决的疑案，于是大家都好奇地到衙门口看，叽叽喳喳地议论着，猜不透太守有什么妙计。

开始升堂了，新来的太守没有按照惯常的那套程序。黄霸不审不问，只是让一个衙役抱着那孩子在大堂中央站定，两名女人分立两旁，相距孩子有几十步远。然后，太守黄霸告诉她们，号令一下你们就快点去抢孩子，谁抢到谁抱走。

众人听了之后，心里都骂这个太守太昏庸。把孩子的性命当儿戏，如此草率断案，让人心寒。随着太守一声令下，两个女人没命似地扑了上去，同时抓住了孩子，一个拽住双腿，一个拉着胳膊。孩子疼痛难忍，尖声哭叫着。周围的人心都揪得紧紧的，如此抢下去，孩子一定会没命的。就在这时弟媳妇先松开手，"哇"的一声抱头痛哭。嫂子将孩子抢到了怀里，以为这下孩子归了自己，心中暗自庆幸。

谁想黄霸当堂判定，这孩子一定是弟媳亲生，儿归其母，不许他人节外生枝。

兄嫂不服，还要狡辩。黄霸愤怒地说："孩子是母亲的亲生骨肉，有哪个母亲忍心死力抢夺，伤其筋骨。看你刚才用力拼抢，不肯罢手，根本不过问孩子的性命，天下哪有你这种亲生母亲！母子亲情，本是人的天性，怎么能够伪装呢？"

地形篇

本篇主要论述为将者如何善于利用地形之利，以克敌制胜的问题。文中提出了两个重要观点，即"知己知彼，胜乃不殆；知天知地，胜乃可穷"。

【孙子兵法】 计谋妙解

 原文 夫地形者，兵之助也①。料敌制胜，计险厄远近，上将之道也②。

 注释

①兵之助也：辅助士兵作战的条件。②上将之道也：高明的将领的用兵之道。

 译文

有利的地形，是辅助兵士作战的条件。能够正确判明敌情而制胜，能够仔细计算地形的险恶、远近而用兵，这才是高明将领的用兵方法。

孙子兵法

计谋应用

韩信借地形斩龙且

汉四年，韩信发兵攻下临淄，齐王田广、齐相田横乘乱逃出，匆忙派人前往楚王项羽处求救。项羽思考多时，认为发兵相救为好，这样可以牵制韩信，免得他前来与刘邦会师，增加两线压力。于是，派遣大将龙且，副将周兰，率领将士20万前去救齐。

龙且握重兵日夜兼程赶往齐境，立即派人报告齐王，让他领兵前来会师。田广闻救兵已到，心中大喜，连忙整顿残兵，前去迎接楚军。两军合兵一处，扎下大营。

韩信得知楚军救齐，深知龙且率领重兵而来，派人报知汉王刘邦，调集曹参、灌婴两军，在潍水西岸筑塞，与对岸楚齐联军隔河相持。夜间，韩信观察了地形，并且拟出了胜龙且的计策，当即下令：全军坚守不出，违令者斩。

楚将龙且，发现汉军不前来应战，认为韩信胆小怯战，便打算渡河进击。龙且身边的将领谏道："汉军远来，长期在外征战，士气正是旺盛。齐军已经吃了败仗，又在本土作战，因顾念家室，非常容易逃散，我们的军士虽然勇猛，也不免受到牵动。最好我们也坚壁自守，不与汉军交锋，然后让齐王派人前往其他城池，告诉各城守将，他们知道齐王没出现问题，又见楚军来协，一定会大举来援助，不肯降汉。汉军距离这里有2000里；兵到齐地，无城可依，无粮可食，不可能坚持太长时间，到时会不攻自破的。"

龙且表示不赞同，说："我知道韩信这个人，他少年贫困，没有吃穿，曾经在河边钓鱼，常常钓不到饿肚子，有位大娘常常送他饭食。而且他还受过胯下之辱，没有什么过人之勇。况且我奉项王之命，带领大军前来救齐，如不战而胜我又有什么战功？如我兵胜韩信，一定可以震动齐地，齐王必定会酬谢我，我将得到齐国的一半土地，这不是名利双收吗？"

周兰怕龙且轻战有失，在旁边说："将军不能轻视韩信，他帮助汉王刘邦平定三秦，又灭赵平燕，今天发兵攻击齐，常常听人说这个人足智多谋，还望将军三思而后行！"龙且笑道："韩信以前遇到的全是没有才能的将领，今日我要叫他首级难保。"说完，修好一封战书，派人过河送往汉营。韩信看了之后，提笔回信四个字：来日决战。

　　韩信发现时机已到，命令全军准备布袋万余。因营中粮袋颇多，将粮食倒出，便可使用，所以不到半天，布袋已准备齐全。韩信将部将招来嘱咐说："当夜色降临，你可以带领一队人马，拿着布袋，前往潍水上游，找一个浅水处，将布袋就地装满沙石，塞住流水。明天我与对方交战之时，听到我军号炮，立即令军士将布袋捞出，让河水奔腾冲下，不得有误！"

　　部将走后，韩信又吩咐曹参、灌婴两位将军道："明日发现龙且登上西岸，一定要率领全部将士打击敌人，擒斩龙且、周兰。"二人领命，他们知道韩信一直以来善于用兵，也不多问，当即退下。

　　第二天，汉军早早地吃了一顿饱饭，韩信发令，命曹参、灌婴二将留守西岸，亲自带领数名将领，带兵渡过潍水，列阵向楚军挑战。龙且见了，也摆阵相迎。韩信出阵高喊道："龙且快些出来受死！"龙且也走出营地质问道："韩

信，你原本为楚臣，为何背楚降汉？今日天兵到此，还不快快下马投降！"说着，挥刀自取韩信，没战几个回合，韩信便退回阵中，另外有数名战将杀出，挡住龙且。龙且一人，力敌众将。周兰怕龙且有失，打马出阵相助，汉将渐渐敌不过。韩信见了，打马就走，又从潍水奔回了西岸。汉将发现韩信退走，也边打边撤，陆续返回大营。龙且看到后，大笑道："韩信竟然如此不堪一击。"说着一马当先，领着人马，渡河向对岸杀去。

周兰发现河水非常浅，心中便开始怀疑，想要告诫龙且，但龙且马快，已快到达对岸，只能打马急追。等周兰追上龙且时，他们已经登上西岸。此时，楚军渡过河的只有两三千人，多数人马还在河中。周兰正打算向龙且说明情况，忽然听到一声炮响，河水随之涨起，转眼丈余深，汹涌而下。河中楚军将士，大多被冲走，还没等龙且反应过来，汉军在韩信、曹参、灌婴率领下，从三面掩杀过来，将数千楚军层层围住。没多长时间，楚军因寡不敌众败下阵来，龙且被斩，周兰被擒，其他人马也尽数被歼。

【孙子兵法】 计谋妙解

 原文 视卒如婴儿①，故可与之赴深溪②；视卒如爱子，故可与之俱死。

 注释

①视卒如婴儿：对待将士要像对待婴儿一般呵护。②可与之赴深溪：可以与人共患难。

 译文

将军对待士兵就应该像对待婴儿那样关心他们，他们才会甘愿与你共患难；对待士兵就像对待爱子那样疼爱他们，他们便会甘愿与你同生死。

计谋应用

爱兵如子

魏国著名的将领吴起，曾在魏文侯手下担任将军，他与士兵中最下等人一同睡觉，一同吃饭，睡觉不铺席子，出行不骑马乘车。士兵中曾有一人得了毒疮，他亲自为士卒治疗，并用嘴将毒疮的脓血吸吮掉。那士卒的母亲听说后痛哭起来，人家问她："你的儿子只是一个士兵，而吴起身为将军，那么高的地位这般爱你的儿子，亲自为你儿子吸吮疮脓，你为什么还要哭呢？"士卒之母说："不是这回事，过去吴将军曾为孩子的父亲吸吮过疮脓，结果他父亲在战斗中奋不顾身地杀敌，宁死不后退一步，于是被敌人杀死了。吴将军现在又为他吸吮脓血，我肯定他会拼死去战斗，不知道会死在哪里了。由此我才为孩子担心痛哭。"吴起善用兵，又廉洁平和，很得士兵拥戴，在军队中很有威信，很能服众。

公元159年，段颎担任破羌将军，在出兵西羌时，他关心部下，爱士兵如爱自己的孩子一般。士兵受伤他都会亲自去探视，亲自为其治疗，10余年里，没有睡一个安稳舒适的觉，与将士同甘共苦，所以全军上下都愿听他的命令，在战斗中奋不顾身。

【孙子兵法】计谋妙解

 知兵者，动而不迷^①，举而不穷^②。故曰：知彼知己，胜乃不殆；知天知地，胜乃可穷^③。

注释

①动而不迷：在战争中采取某项行动时从来不会发生迷误。②举而不穷：举措千变万化，没有穷尽。③胜乃可穷：可以取得完全的胜利。

 译文

懂得用兵之人，他在战争中采取某项行动时从来不会发生迷误，他的举措也是千变万化，应用无穷的。所以说：既了解我军一方，也了解敌军一方，争取胜利将不会有危险；再加上既了解天象，又知晓地形，那就能取得完全的胜利了。

孙子兵法

晋兵智勇胜契丹

　　五代时期，契丹大举进攻北方，其首领耶律阿保机率领30万大军包围了晋国的北方军事重镇幽州。晋王李存勖派遣大将李嗣源率领7万人马增援幽州，去解幽州之围。

　　李嗣源和众多将领在军营中商议如何进军，他说："敌人大多是骑兵，人多势众，又已先进入阵地，外出游骑没有辎重之忧，我军大多是步兵，人数又少，还必须有粮草随军而行。如果在平原上与敌人相遇，敌军只需把我军粮草截走，我军就会不战自溃，更不用说用对方的骑兵来攻击我们了！"

　　李嗣源针对自己种种不利的情况，便从易州出发，不是走东北直奔幽州，而是先向正北，越过大房岭，然后沿着山涧向东走。

　　李嗣源率大军日夜兼程，一直前进到距离幽州只剩下60里远的地方，没有任何防备地与一支契丹骑兵遭遇，契丹人这时候才知道晋军派来了救兵。契丹兵大吃一惊，慌忙向后撤退，李嗣源与养子李从珂率领3000骑兵追击契丹人，晋军大部队则紧紧跟随在李嗣源的骑兵后面。契丹骑兵行走在山上，晋军行走在山涧中。行到山口，众多契丹骑兵挡住了去路。李嗣源知道成败在此一举，于是摘掉头盔，以契丹语向敌人喊道："你们侵犯我国，晋王派我率领百万之众，直捣你们的首府两楼，将你们全部消灭！"说完，一马当先，冲杀过去，将一名契丹酋长斩杀。众将士见主帅身先士卒，群情激奋，斗志倍增，纷纷杀入敌阵。契丹骑兵被迫后退，晋军的大部队乘机走出山口。

　　将要到达幽州时，晋军的步兵行走在后面拖着草把、树枝行进，一时间，烟尘滚滚，契丹兵不知道对方来了多少人，以为晋军援兵非常多，还没有与之交战就已经胆怯。等到决战来临，李嗣源率骑兵在前，步兵随后，有组织地掩杀过来。契丹兵毫无斗志，丢弃了大量的车帐、牲畜，狼狈逃去。

本篇从人的心理因素和情绪因素两个方面论述如何因利乘利用地形，发挥人的战斗积极性，以克敌制胜。其中突出的重要思想，就是如何创造一种主观条件和客观条件，使战士发出一种决死心理，从而团结一心，勇往直前，夺取胜利。

九地篇

 【孙子兵法】 计谋妙解

原文 敢问："敌众整而将来①，待之若何②？"曰："先夺其所爱，则听矣。"

注释

①敌众整而将来：敌军人数众多，队形严整，将要来进攻。②待之若何：即如何待之，如何对付敌军呢？

 译文

试问："众多的敌军，排成严整的阵势将要进攻我方，我们应该如何回应呢？"回答是："抢先夺取敌方重要的地方或物资，他们就会听从我们摆布了。"

计谋应用

马谡失街亭

　　三国时期的街亭为蜀国的重要地方，其地理位置非常重要，是通往汉中的咽喉，为蜀国军队后勤供应的必经之处，同时，街亭还是蜀国陇西地区的天然屏障。

　　蜀、魏两国都极力争夺这个地方。

　　司马懿进攻祁山之后，便发生了街亭之战。司马懿奉命率领20万大军直奔祁山而来。此时，诸葛亮正将蜀国之兵驻扎在祁山，听到魏军杀来，便召

集将领商议战事。

诸葛亮知道司马懿也是攻于心计之人，出兵祁山定会夺占街亭这一要地，便决心挑选良将把守。就在诸葛亮刚说完"诸将谁可担此重任"后，参军马谡便从众将中闪露出来，表示愿意领兵前往。诸葛亮定睛一看，发现是马谡，心中便有些疑虑和犹豫，刘备生前曾经告诉诸葛亮，马谡这个人言过其实，不可重用。

诸葛亮思考了一下便说："街亭虽然只是一个小地方，但是其地理位置非常重要，关系到我军的安危利害。且街亭既没有城郭，又没有险要之处，因此不易把守，一旦丢失，我军的处境就会糟糕。"

马谡听诸葛亮这么一说，感觉他在轻视自己，便说："丞相应该知道我从小熟读各类兵书，一个小小的街亭，我还能守不住吗？如果丞相对我有怀疑，我愿意在此立下军令状，如有什么闪失，我以全家的性命作为担保！"

诸葛亮见马谡胸有成竹，便让他写下了军令状，让他率领2.5万精兵去把守街亭。诸葛亮为防发生不测，又调遣王平和高翔辅助马谡，并再三交代要他们守住街亭要道，以免魏军逾越。

到达街亭后，马谡与王平先是察看地形。五路总口地处街亭要道，把守着街亭大门，王平认为在此驻扎比较好。但马谡认为在路旁的小山上驻扎最好，其理由是兵书上说居高临下可势如破竹，驻扎在小山上定会杀得魏军片甲不留。王平无法说服马谡，无奈，只好到山的西边另择一处驻扎。

当司马懿到达街亭后，发现这里的守将竟然是马谡，而且还将蜀军兵营驻扎在山上，他便仰天长笑，说："诸葛亮聪明一世，糊涂一时，马谡这个庸才如何守得住这么重要的地方，真是他最大的失算啊！"他一边派遣大将张郃挡住王平对马谡的增援，一边又派兵将小山层层包围，断绝了山上的饮水，然后严阵以待。

蜀军将士十分惊慌，没过几天饮水便没有了，士兵更加惶恐。司马懿开始放火烧山，蜀军一片大乱，马谡拼死杀出一条血路才得以逃脱。

【孙子兵法】 计谋妙解

 原文 投之无所往①，死且不北②。

 注释

①投之无所往：军队身处无路可走的绝境。②死且不北：宁死不后退。

 译文

将军队投入无路可走的境地，将士们就会宁死不退。

计谋应用

破釜沉舟

陈胜、吴广在大泽乡起义后，项梁起兵响应。没过多久陈胜被秦将章邯打败，项梁赶忙率领江东8000子弟兵，渡过长江，向西面前线进军。当时有少数零散的反秦队伍，如陈婴、英布、吕臣等率领的武装义军，前来投奔项梁，这支军队很快增长到六七万人。这时候陈胜已经被叛徒庄贾杀死，其曾领导的政权已经四分五裂。在如此紧要关头，项梁将大军开到薛县召开各路起义军首领会议，推选一名起义军的领袖。此时，一个70多岁的老头范增赶来献计，他对项梁说："秦国灭亡六国的时候，楚国算是最为不幸的。楚怀王被骗到秦国，死在秦国，现在楚人仍旧怀念着他。您从江东起兵，有很多人前来投奔您，这源于您家世世代代是楚国的大将，人们希望您恢复楚国。如果拥立楚怀王的后代为王，就一定能够号召更多的老百姓。"

项梁感觉范增的话很有道理，就派人四处寻访楚怀王的后代。没过多久，下属找到一名楚怀王的孙子熊心，此时他刚刚13岁，正替人家当放羊娃。于是项梁带领大家把熊心立为楚王，为了顺应楚人怀念故国的心情，对他仍旧称"楚怀王"。这个消息传开以后，果然又有很多人赶来投奔项梁。

项梁将楚怀王安置在盱眙，自己带兵继续西进。他在东阿打败章邯，又在濮阳东面大破秦军，然后又开始进攻定陶。这时，原先齐、赵、燕、魏等国的旧贵族，纷纷在自己的土地上立了王，恢复了自己国家的名称，秦政权已日落西山，危在旦夕。项梁命令项羽与前不久赶来投奔他的刘邦带兵急速西进。项羽和刘邦杀死了秦朝的大将李由。章邯见形势危急，赶快请秦朝政府派援军，乘着项梁得胜后骄傲自满、没有防备的机会，偷袭定陶，项梁在这次偷袭中死去。项梁一死，起义军的队伍受到很大损失，项羽、刘邦、吕臣等只好将人马撤退到彭城一带，采取守势。

章邯认为项梁已死，项羽也翻不起什么大浪，便带军进攻别的势力，前往赵地将赵地围困。赵王向四方发布求救书信，各地势力前往后看到如此强盛的秦军，都不敢擅自行动。项羽担任了援赵大军的主帅，下令士兵每人带足3天的口粮，然后又下令砸碎全部行军做饭的锅。将士们都愣了，项羽说："没有锅，我们便可以轻装上阵，立即挽救危在旦夕的赵国！3天后我们取

下城池进城吃饭。"大军渡过了漳河，项羽又命令士兵把渡船全都砸沉，断绝了自己的退路，同时烧掉所有的行军帐篷。战士们一看退路没了，这场仗如果打不赢，就谁也活不成了。

项羽指挥楚军快速将秦军将领王离的军队包围了，同秦军展开了9次激烈的战斗，渡河的楚军无不以一当十，以十当百，个个如下山猛虎，个个都奋勇拼杀。楚军将士越战越勇，杀的秦军心惊胆战，闻风丧胆。经过多次交锋，楚军终于以少胜多，把秦军打得大败，杀死了秦将苏角，俘虏了王离，

章邯带领残兵败将快速后退。那些各地援军，看到项羽大获全胜，又是佩服，又是害怕。从这以后项羽就做了上将军，诸侯的军队都归他统率。

　　章邯带领残兵败将后退了几十里，然后命人赶往咸阳去求援兵。这时的赵高正忙着夺位，一个援兵也没派，章邯在楚军的追击下走投无路，只得投降项羽。

本篇讲述如何向敌军进行火攻的各种问题，诸如火攻的对象、作用、条件、方法，以及在火攻的过程中应该注意的问题等等。

【孙子兵法】 计谋妙解

 行火必有因①，烟火必素具②。发火有时，起火有日。

 注释

①行火必有因：以火进攻敌人必须具备一定的条件。②烟火必素具：火攻的燃料和有关器材，在军中要备用。

 译文

作战时用火进攻敌人，必须具备一定的条件，火攻时需要的燃料和器具应在平时就准备好；选择适当的日子放火。

皇甫嵩火攻黄巾军

公元184年，各地黄巾军纷纷起义，声势十分浩大，组织有方。他们迅速攻取了许多州郡，许多地方官员纷纷弃官而逃。这对于原本危在旦夕的东汉朝廷来说更是雪上加霜。朝廷命令皇甫嵩为左中郎将，和右中郎将朱儁一起，发兵4万多前去征讨颍川一带的黄巾军。

颍川地区的黄巾军由一名叫波才的人率领，他时常带领起义军攻击四方。朱儁率领的那一支军队被波才击败后，颍川一带的形势对于东汉军队分外不利。于是，黄巾军乘胜进攻皇甫嵩，皇甫嵩进驻长社自保。于是波才率领黄巾大军包围了长社。

当时，皇甫嵩的兵力远远少于黄巾军，被困于孤城中的汉军，人人恐惧而慌乱，这对士气形成了极大影响。皇甫嵩觉察到此事后，就招集军中的大小将领，给他们鼓气，并说："用兵有奇正的变化，不在哪方的兵力多少。刚才我观察了一下对方的军队，发现敌人是在柴草多的地方安营，这就容易受到火攻。如果我们乘着夜间放火，烧掉敌人的军营，敌人一定会惊慌失措大乱不止。如此我们便可乘机出城发起猛烈攻击，一定能打败敌人。曾经齐国田单便是以火攻破敌，在我们这里就可以出现了。"在皇甫嵩的鼓舞下，军中将士的情绪稳定了下来，而且火攻作战

的计划也布置下去了。

　　一天晚上，狂风骤起，东汉军队顺风点火，风助火势，正是实施火攻的有利时机。皇甫嵩命令士兵每人拿一束柴草登上城墙，然后从军中调集勇士，让他们偷偷出城，四下放火，并且高声大呼。顿时，黄巾军周围火光四起。皇甫嵩趁机擂鼓呐喊，亲自率领一支军队出城冲向敌人，黄巾军果然惊慌失措，纷纷溃散。

孙子兵法

【孙子兵法】 计谋妙解

 原文 火发上风①，无攻下风②。

 注释

①火发上风：上风相对于下风而言，指火焰起时，烟雾飞行的顺风方向。火发上风，在上风方向起了火。②无攻下风：下风，火焰飞行的逆风方向。无攻下风，不要从逆风方向进攻。

译文

从上风纵火，就不能从下风进攻（以免烧到自己）。

计谋应用

诸葛亮诱敌火攻

刘备将兵士驻扎新野，让诸葛亮担任军师，常常对关羽和张飞说："我有了孔明，犹如鱼得到水，可以肆意畅游。"关羽、张飞看到诸葛亮后非常不高兴，因为刘备如此信重一名书生。忽然，军士来报曹操派遣夏侯惇带兵10万，杀奔新野而来。张飞对关羽说："大哥既然如此信赖孔明，这次就派孔明去迎敌好了。"

孔明自从担任军师以来，这还是第一次与敌人对阵。他知道自己胸中所学未曾展露，关、张等人对自己不服，虽然破敌良策早已了然于胸，但他怕诸将不听号令，便对刘备说："主公如果想让我调兵遣将，就请赐给尚方宝剑一用，以防关羽、张飞两位大将不听指挥。"刘备便将宝剑给了孔明。

诸葛亮召集诸将前来听令，虽然大家不服孔明，但是对曹操来犯都不敢大意。孔明说："博望城左边有山，名叫豫山；右边有林，名叫安林，可以在此处埋伏兵马。关羽率领1000士兵埋伏于豫山，敌人到达之时，不可以与他们交战，放过来便是。敌人的粮草辎重必在后面，只要看到南边起了火，就出兵进攻，烧了他们的粮草。张飞率领1000人前往安林背后的山谷埋伏，看到火起，便去博望城中放火烧敌屯粮之所。关平、刘封率领500人，准备好引火之物，到博望坡后两边等候，等到敌人兵到，便可放火。赵云率领军队去迎敌，不许赢，只许输。主公您领兵1000为赵云后援。大家要依计而行，不得违令。"

关羽见孔明已经安排问道："我们都出去迎敌，不知军师做些什么？"孔明说："我一介书生不能上阵，只好坐守新野县城了。"张飞听后哈哈大笑。

诸将心生疑惑不知孔明如此安排何意，可孔明尚方宝剑在手不得不从。

孔明对刘备说："主公今天便可以带兵前往博望坡驻扎。明日黄昏敌军一定会到达。到时候你便弃营而逃，见到火起再回头掩杀。"孔明又命人准备好庆功喜筵、记功簿，专等诸人得胜回师。刘备也疑惑起来，仗还没打就准备庆功宴，难道诸葛亮能以几千人去败曹操的十万大军吗？

曹操大将夏侯惇与于禁等人领兵到了博望，留一半人保护粮草在后慢行，自领一半精兵向前赶来，正巧遇上赵云的1000士兵。只见赵云的兵马队伍散乱，旗帜不整。夏侯惇大笑说："如此的军队不堪一击，定要活捉刘备、诸葛亮。"赵云听后大怒，纵马来战。刚几个回合，赵云诈败，拨马便逃，夏侯惇于后紧追不放。

追了十几里，赵云回马又战，打了几个回合又跑。曹将韩浩对夏侯惇说："赵云这是在诱引我们，敌人在前面一定设有埋伏。"夏侯惇说："这样的敌人就算有十面埋伏，我们又何须害怕？"于是又纵马紧追。赶到博望坡，忽听一声炮响，刘备带领军队冲杀过来。夏侯惇大笑说："这就是敌人的伏兵，如此一点儿人。今晚我如不到新野，绝不罢兵！"说罢引军来战，刘备、赵云不敌，急忙又逃。

　　此时天色已晚狂风骤起，于禁一见，心里惊慌，急对夏侯惇说："道路越来越窄，两旁全是树木，我们应该防止敌人火攻。"夏侯惇突然明白过来，急令军马速回，可为时已晚，关平、刘封所率士兵到处放火，一时间，四面八方都是烈焰，又是晚上而且风大，熊熊大火滚滚烧来。刘备、赵云回军掩杀，曹军人马争相逃命，死者不计其数。曹军粮草被张飞放火烧毁，博望城被关羽抢占。夏侯惇连忙收拾残军，回许昌去了。此战一胜，关羽、张飞等人对诸葛亮佩服得五体投地。

计谋妙解

原文 以火佐攻者明①，以水佐攻者强。水可以绝，不可以夺。

注释

①以火佐攻者明：火攻作为向敌军进攻的辅助方法非常实用。

译文

　　火攻作为向敌军进攻的辅助方法，在战斗中是非常实用的；水攻作为向敌军进攻的辅助方法，只能有助于使我军的攻势大大增强。这是因为水攻只能隔断敌军的联系或者是断绝他们的粮道，而火攻则可以烧毁掉敌军的人马和物资。

计谋应用

火烧赤壁

东汉末年，曹操统一中原之后，经过一段时间的休整便统帅 20 万大军沿长江东进，企图夺取江南。

此时，屡屡失败的刘备已经退守到长江南岸的樊口。诸葛亮孤身一人前往柴桑会见孙权。舌战群儒后，坚定了孙权迎战曹操的决心，于是，孙权和刘备结为联盟，共同抵抗曹操。孙、刘联军与曹操在赤壁相遇，拉开了赤壁大战的序幕。

曹操的军队大多来自北方不擅长水战，初次交锋，孙、刘联军占了上风。曹操找到荆州降将蔡瑁、张允开始训练水军。周瑜巧施离间计，曹操误斩杀了蔡瑁、张允，失去善于水战的指挥官，无奈之下他听到一个好办法，那就是将大船连接起来，任凭风浪再大，战船不再颠簸，曹操自以为得到了灭亡东吴的好办法。

　　周瑜得知这个消息后，决定了以火大败曹军。而此时正值冬季，江上多西北风，如此火攻，不但烧不了曹军，反倒要烧了自家战船，周瑜对此非常忧虑。诸葛亮知晓天文地理，已经测知冬至时会有一场东南风出现，于是自告奋勇，要"借"一场东南大风，助周瑜一臂之力。周瑜欣喜若狂，同时黄盖表示以死相助，后来黄盖用"苦肉计"骗得曹操的信任，在东南风乍起之时，驾着10余只载满了油和裹有硫磺等易燃物的干草的战船，迅速接近了曹操的战船。黄盖一声令下，点燃干草，10余艘战船在东南风的劲吹之下，如同火龙一般，直扑曹操的战船。

　　瞬间，江面上烟火冲天。曹操的水军士兵大部分烧死、溺死在江中，大火又由江面蔓延到曹军岸边的营寨，岸边的曹营也变成了一片火海。

　　孙、刘联军乘势水陆并进，袭击曹操。20万大军损失殆尽，只有曹操带领数百人逃亡了。

用间篇

本篇主要讲述战争中如何运用间谍的问题。包括使用间谍的意义，间谍的种类和作用，对待间谍的态度和政策，以及为将者必须善于用间等等，其中特别强调使用"反间"对于克敌制胜的重要性。

【孙子兵法】 计谋妙解

 原文 三军之事，莫亲于间①，赏莫厚于间②，事莫密于间③。

 注释

①莫亲于间：身边的人再也没有比间谍更应成为亲信的了。②赏莫厚于间：军队中再也没有比间谍更应得到丰厚的奖赏了。③事莫密于间：军队中的最高机密便是间谍。

 译文

作为三军统帅，在军中没有比间谍更应该成为亲信的了，没有比间谍更应该获得优厚奖赏的了，没有比间谍更为秘密的事情了。

计谋应用

以色列谍报机关策反

1965年1月，以色列空军司令埃泽·魏茨曼前往谍报机关去找摩萨德首脑梅厄·阿米特将军。他对阿米特将军说："现在我们需要一架米格-21。"阿米特将军稍稍停留片刻，说："让我们来试试吧！"

空军司令魏茨曼领导的以色列空军是一支优秀，而且非常有战斗力的队伍，被称为"以色列的长臂"。以色列空军的主力飞机为法国的"幻影"Ⅲ战斗机，以色列正是凭借着这种先进战斗机，在周围的几个阿拉伯国家面前不可一世。可是，此时以色列空军司令感到了来自空中的威胁，正是来自米格-21。

苏联为了扩大在阿拉伯世界的影响，并确保阿拉伯人对以色列人的空中优势，便向叙利亚、伊拉克和埃及输送了米格-21。以色列要偷米格-21，当然要从邻近的阿拉伯国家入手，对方的控制极为严密，偷一架飞机谈何容易。

后来以色列谍报机关决定从伊拉克空军下手。他选中了伊拉克空军的飞行大队长穆尼尔·雷德法少校为策反对象。

伊拉克空军的飞行大队长穆尼尔出生于伊拉克一个非常富有的家庭，他的家人为天主教马龙派教徒。在伊拉克，不是穆斯林人普遍受到歧视，穆尼尔一家也不例外。另外，穆尼尔对其部队曾经轰炸和扫射北部库尔德人总感到内疚。这对以色列谍报机关非常有利。

以色列谍报机关向巴格达派去了一大批间谍，其中有一名持美国护照的犹太美女，她是实施策反的关键人物。在摩萨德的精心安排下，这个女间谍"结识"了英俊潇洒的穆尼尔，并且非常隐秘地将他带到了以色列。

穆尼尔在以色列受到军政上很多大人物的招待，在特拉维夫一下飞机，就被直接带到了内格夫的一个秘密空军基地。摩萨德首领阿米特将军亲自前去接见他。阿米特直截了当地问他："你愿意回到巴格达带着你的飞机重返以色列吗？"

几天后，穆尼尔与他的"美国女友"返回了巴格达。接下来几周时间，穆尼尔将全家人，一个一个地送出国。摩萨德将许诺给穆尼尔的百万美元存进了一家瑞士银行。

穆尼尔一直等待飞行的时机,终于在1966年8月15日早晨这个机会来了,穆尼尔镇定自若地走向自己的飞机。多年来穆尼尔一直单独飞行,从来没有任何人怀疑过他。

穆尼尔米格–21起飞了。他先沿着例行航线朝巴格达方向飞去,后来突然改变飞行航线,几次调整后,他开始直飞以色列。当他到达约旦河上空时,苏联人和伊拉克人还没察觉。

【孙子兵法】 计谋妙解

原文 凡军之所欲击，城之所欲攻，人之所欲杀，必先知其守将、左右、谒者、门者、舍人之姓名①，令吾间必索知之。

注释

①舍人：室内勤务人员。

译文

凡是要进攻敌人军队，想要攻取的敌方城市，想要刺杀的敌方人员，应预先了解敌军守将及其幕僚亲信、负责通报和传令的官员、守门官吏和门客幕僚的姓名，都要让我方间谍人员务必把这些情况侦察清楚。

蒋干中计

公元208年，曹操将荆州占领，并且起用当时降将蔡瑁、张允操练水军，准备灭吴。当时在吴身为大都督的周瑜足智多谋，曹操发现他是一大障碍。曹操军中有个名叫蒋干的人，他对曹操说："卑职曾经和周瑜有些交情，请求到东吴去说降周瑜。"曹操非常高兴，命令蒋干马上启程前往吴。

蒋干到达周瑜营前，周瑜当时正与众将商议破曹之事，士兵过来报告说："有名叫蒋干的在营门前求见。"

周瑜笑着对大家说："说客来了。"命人带蒋干来见。刚见面，周瑜便问："子翼不辞辛苦远道而来，是为曹操做说客的吧。"蒋干无言以对，沉默了一会儿说：

"我们老朋友相逢，怎么可以这么说呢？我告辞了。"

周瑜连忙赔笑说："既然不是为曹操做说客而来，又何必马上告辞呢？"于是，召集将士举行宴会。

席间，蒋干多次都想劝说周瑜，但看到周瑜态度严正，也就不敢说出来。不一会儿，周瑜一脸醉意地拉着蒋干的手说："大丈夫生于世上，遇到知己之主，定当以死相报。"

说完，周瑜拔剑唱道："丈夫处世兮立功名，立功名兮慰平生，慰平生兮吾将醉，吾将醉兮发狂吟。"唱完之后，又痛饮起来，直到酩酊大醉。

晚上，周瑜一定要蒋干与他同榻而寝，蒋干翻来覆去睡不着。他坐起身来，看到案头放着一封信。拿起来一看，是张允、蔡瑁与周瑜往来的信件。回头看时，周瑜睡得正香。蒋干连忙把信揣在怀里连夜跑回荆州，把信送给曹操。曹操一见张允、蔡瑁竟然准备降吴，一怒之下，斩了二人。曹操怒气消后忽然反应过来，叹道："我中了周郎的计了。"

【孙子兵法】 计谋妙解

 原文 必索敌人之间来间我者①，因而利之，导而舍之，故反间可得而用也。

 注释

①必索敌人之间来间我者：对于敌方派到我方从事间谍活动的人一定要搜捕到。

译文

对于敌人派到我方来侦察军情的间谍一定要搜捕到，并且要以重金收买他们，还要对他们引诱开导，然后交代任务让他们办，让其为我们所用。

计谋应用

岳飞使用离间计

　　南宋时期，曹成聚集10余万乌合之众从江西到湖湘，将道、贺二州占据。皇上连忙命令岳飞前去暂代潭州行政长官，并兼任荆湖东路的安抚都总管，交给他金字牌和黄旗，招降曹成。曹成知道岳飞快要来征讨他们了，便把军队化整为零，分成几路逃走。岳飞到达茶陵后，以皇上的诏书招降曹成。曹成不肯，不得已，岳飞只好开始进攻。

　　岳飞带领军队到达贺州境内，抓到了一个曹成派出的间谍，岳飞将间谍捆绑在自己的军帐之外。岳飞在帐中调遣军粮，管事的官吏特意大声说："军粮已经用尽。"岳飞则说："暂时先到茶陵去。"说完之后特意看了一眼那个绑着的间谍，便做出因泄露军机而后悔莫及的样子，跺着脚走进帐内，暗地里他却放松对间谍的警戒让他逃跑。间谍回去向曹成报告，岳飞马上就要撤军了，曹成大喜，决定第二天追击岳飞的军队，岳飞趁机率领军队悄悄赶到曹成驻军的太平场，攻破曹成的兵寨。曹成无奈，只得向岳飞投降。

　　1130年，金人在大名府封宋朝的投降官员刘豫做大齐皇帝，后来刘豫多次配合金人攻打宋军，成为宋军北伐的障碍。岳飞认为，要想驱逐金兵首先要除去刘豫。他了解刘豫与金将粘罕狼狈为奸，金国元帅金兀术对此十分嫉恨，便想利用他们之间的矛盾铲除刘豫，恰好这时宋军捉到了一个金兀术派来的间谍，岳飞故意将他认作是自己派出去的谍报人员，责问他说："你不是张斌吗，前些日子让你送给刘豫的信给了吗？要他设法把金兀术引诱出来杀掉。"间谍害怕岳飞杀死他，也就顺水推舟，冒认张斌，岳飞要他再给刘豫送信，信中依旧是一同谋害金兀术的事儿，封成蜡丸。这个间谍以为既保住了性命，又发现了重要情报，好不欢喜，回到金国，马上把信献给金兀术。金兀术看后，怒气冲天，立即撤销了刘豫的皇帝名号，并把他充军到临潢，宋朝的一个强敌就这样被岳飞除掉了。

太阳，太阴。

不在阳之对。

阴在阳之内，

常见则不疑，

备周则意怠，

三十六计

第一套　胜战计

胜战计共分六计，包括：瞒天过海、围魏救赵、借刀杀人、以逸待劳、趁火打劫、声东击西。胜战，要有我强敌弱的条件，我方能充分谋算敌情。运用此篇计策要求"三有"：一有胜利的条件，二有胜利的方案，三有胜利的把握。防伪与作战一样，绝不能侥幸获利，而必须做好充分的准备。

【三十六计】第一计　瞒天过海

 原文　备周则意怠①，常见则不疑。阴在阳之内②，不在阳之对。太阳，太阴。

 注释

①怠：指松懈。②阴：指隐秘。

 译文

自认为防备周密的，往往容易产生松懈；平时看惯了的事情，常常不再怀疑。一些计谋大多隐藏在暴露的事物里面，而不是与公开的事情相排斥。非常公开的也往往蕴藏着非常机密的事情。

计谋应用

瞒天继承地位

　　秦始皇三十七年冬天，秦始皇又一次前往东南巡游，小儿子胡亥与丞相李斯一起陪同。在巡游返回的路上，秦始皇病倒了，病情恶化，命赵高写诏书赐给在边疆给蒙恬做监军的长子扶苏，让扶苏立即回咸阳，主持丧事，然后安葬。没过多久秦始皇便病死了。丞相李斯担心皇上在都城外死去，诸公子和天下百姓有可能趁机作乱，于是将此事隐瞒下来没有发丧，将棺木放在辒辌车中，派自己亲信的宦官驾车，每到一个地方依旧送饭，百官奏报政事也照样进行，由最宠信的宦官传话允准。当时只有胡亥、赵高与他们最为宠信的五六个宦官知道秦始皇已经死去。

当初，秦始皇非常器重蒙氏兄弟，对他们特别信任。蒙恬带领重兵守卫边疆，他的弟弟蒙毅在朝廷中参谋决策，兄弟两人被称为忠信之臣，所以当时在朝廷中就算是丞相也不敢与他们一比高低。赵高小时候就被阉割，秦始皇听说他体力强壮，又通晓监狱的法规，就额外提拔他做了中车府令，让他教胡亥学习法律。胡亥对于赵高信任至极。后来赵高犯罪，秦始皇派蒙毅审理他的罪案。蒙毅将赵高判处死刑。秦始皇念他处事机敏，便对他赦免了，并且恢复了他原来的官职。赵高一向得到胡亥的信赖，而且对蒙氏兄弟怨恨至极，便趁机劝说胡亥假传秦始皇的圣旨，诛杀扶苏而立胡亥为太子。胡亥接受了他的计谋。丞相李斯考虑再三，认为赵高的计谋对自己也非常有利，就与他合谋，假称接受秦始皇的遗诏，立胡亥为太子。于是将诏书改写后给扶苏，责备他没有能力开辟疆土创立功业；将军蒙恬不能矫正扶苏的过失，还参与谋划，全部赐死，将兵权交给副将王离。

公子扶苏看到诏书后，痛心疾首，正要准备自杀——蒙恬对他说："陛下在外巡视，并没有立太子，派臣下率领30万大军守卫边疆，公子担任监军。今天忽然有一名使者到来，我们马上就自杀，谁知道其中有没有奸诈？等请示之后证实确是皇上的旨意，再自杀也为时不晚。"使者催促他们尽快了结，扶苏对蒙恬说："父亲命儿子自尽，就没必要再请示了。"随即便自杀了。

巡游的皇家车队从井陉赶往九原，当时正是夏天，秦始皇的尸体渐渐开始腐烂、臭气熏天。李斯迫不得已下令跟从的官员设法在车上装载一些鲍鱼，利用鱼腥气味来迷惑众人，使人分辨不清。回到咸阳后才正式给秦始皇发丧，太子胡亥正式继承帝位。

宋太祖以酒维权

北宋初年，宋太祖担心手下的将领兵权太重，在以后的统治中会威胁到自己的皇权，因此以请他们饮酒的方式，解除了将领们的兵权。以后的时间里，这些被解除兵权的将领都一心一意地积蓄财产，吃喝玩乐。

宋太祖了解他们的情况后，又担心他们积蓄的财产过多，就想了个办法收集他们的钱财。宋太祖先赐给他们每人一块宅地，让他们修建住宅。这些人因为宅地为皇上所赐全都不敢怠慢，大兴土木修宅筑院。住宅修建完毕，宋太祖赐宴招待他们。宋太祖在宴会上再三劝酒，结果个个喝得酩酊大醉，连家都回不去了。

于是太祖让每位大将家中来一个子弟，把他们搀扶回去。宋太祖将他们送到大殿门口，对他们的子弟说："你们的父亲都表示愿意向朝廷献10万缗钱。"

几名大将酒醒后，看到自己已经回到家了，连忙问家人是如何回来的。他们的子弟都说：是皇帝命他们进宫接回自己的父亲，又说皇上说你们每个人都已经答应向朝廷贡献10万缗钱。这些大将都在怀疑自己有没有说过，第二天还是都向朝廷缴了10万缗钱。

宋太祖担心大臣手中的钱财太多，会对皇权构成威胁，就想从他们手中收取一部分。可是堂堂一位国君怎么能向臣子伸手要钱呢？于是宋太祖想了个瞒天过海的计策。这样既不伤皇帝的体面，朝廷又得到了好处，将领们还无话可说。

【三十六计】 **第二计　围魏救赵**

原文　共敌不如分敌①，敌阳不如敌阴②。

注释

　　①共敌不如分敌：攻击集中的敌人不如攻击分散的敌人。②敌阳不如敌阴：攻击气势旺盛的敌人不如攻击气势衰竭的敌人。

译文

　　攻击集中的敌人不如攻击分散的敌人，攻击气势旺盛的敌人不如攻击气势衰竭的敌人。

计谋应用

围魏救赵

公元前 353 年，魏惠王派庞涓前去攻打中山。原本中山为东周时期魏国北邻的小国，被魏国收服，后来赵国乘魏国国丧将中山强占了。庞涓认为中山只不过是弹丸之地，距离赵国又很近，不如直接攻打赵国都城邯郸，既解了旧恨又一举两得。魏王听从了庞涓的建议，踌躇满志，调拨 500 战车，命令庞涓为将，直接将赵国都城邯郸围了起来。危难中赵王只好求救于齐国，并许诺解围后以中山相赠。齐威王答应了，任命田忌为元帅，孙膑为军师，率领一支 8 万人的军队去救援赵国。

田忌率领大军直逼赵国邯郸，以解赵围。孙膑制止，就对田忌说："要解开乱麻，不可使用蛮力；要排解打架的纠纷，不能手持武器帮着击刺而把自己也卷进去。我们应该避开强势，直接攻击其空虚部位，利用形势迫使他们不得不停止，如此事情便自然解决了。现在魏国和赵国互相攻打，精锐部队必然都在外面战斗。家里留下的都是些老弱残兵。将军不如率领军队直接攻打魏国首都大梁，将魏国的交通要道占据，攻打魏国防务空虚的地方。那么魏国必然会放弃赵国，庞涓也自会回军救魏。这样齐军既可以救赵，又可以调动魏军跋涉奔走，这样我们可以一举击败疲惫的魏军。我们不但解了赵国的围，而且也坐享魏国疲惫之师的利益。"

田忌对于这个计策非常赞赏。果然，庞涓得知这个消息，十分慌张，在攻下赵都邯郸后，顾不得部队的休整和喘息，急忙率领轻车锐骑，昼夜奔回救大梁。庞涓如此做是犯了兵家大忌！庞涓仓皇回救大梁，早已在孙膑的意料之中，孙膑将军队埋伏在魏军回师的必经之地桂陵。魏军离开邯郸，归路中又陷伏击与齐战于桂陵，齐军以逸待劳，士气旺盛，如同猛虎下山，魏军因长途跋涉，早已溃不成军，很快，疲惫不堪的魏军就被打得大败！庞涓勉强收拾残部，退回大梁，齐师大胜。

太平军诱敌

太平天国在天京变乱之后，形势急转直下，武昌、汉阳失守，江西大部分地区被清军占领，并重建江北大营和江南大营。其后，清军又克陷镇江等地，围困天京。

洪秀全为了挽救危局，提拔了与清军浴血激战多年的将领陈玉成、李秀成等为主将。1858年8月，陈玉成、李秀成将各部将领集结，在安徽枞阳镇召开军事会议，共同商议解天京之围的计策。之后，陈、李率部会师合击江北大营，在浦口歼敌1万余人，江北大营清军溃不成军。陈玉成采取迂回包围战术，在三河镇歼灭湘军精锐部队6000人，鼓舞了曾受挫的太平军士气。

太平军在军事上的形势有所好转，但江南大营仍然围困天京。为从根本上解天京之围，洪仁玕与李秀成决定发兵攻打湖州、杭州，迫使清军营救，然后趁机捣虚，回攻江南大营以解天京之围的策略，经洪秀全批准，由李秀成、李世贤两路大军实施。

　　1860年3月，李秀成派遣李世贤攻湖州，李秀成则亲率谭绍光、陆顺德、吴定彩等，带领轻骑6000人，以清军旗帜衣帽伪装，直接进攻杭州，3月19日一举攻克，浙江巡抚罗遵殿自杀。此时江南大营连忙急调1万多人回救，由张玉良率领奔救杭州。3月24日，李秀成见敌人已到杭州，诱敌的目的已达到，当天晚上就从杭州撤兵，迅速经浙西入皖南，在建平会合各路将领。合军10多万人齐集天京城外。5月2日，五路军队联合江南大营，城内的守军密切配合，战斗激烈。5月5日，陈玉成首先突破天京西南的敌军长壕，毁敌营50余座。当天，几万清军被太平军歼灭，江南大营清军被击溃，残余部队退守镇江。5月19日，太平军追击敌军到丹阳，又歼敌万人，钦差大臣和春自杀，帮办大臣张国梁落水而死。此时，江南大营全部被铲除，太平军取得了重大胜利。

【三十六计】**第三计　借刀杀人**

 原文　敌已明，友未定①，引友杀敌，不自出力，以《损》推演。

 注释

①友：军事上的盟友。

 译文

　　若我军在已经明确敌人是谁，而不确定盟友的时候。就要引导友军去打击敌人，自己不亲自出马，避免消耗自己的力量，运用《损》卦的道理进行推演。

计谋应用

孙权移祸曹操

　　东汉建安二十四年，曹操与刘备的军队在阳平交战，曹操的爱将夏侯渊被刘备军斩杀，曹操亲自率领大军来到阳平，准备与刘备决战，为夏侯渊报仇。刘备凭借险要的地形采取坚守策略，曹操无功而返回长安，只好派遣于禁协助曹仁攻击关羽把守的荆州。

　　正当于禁、庞德大军屡战屡胜之时，突然天降暴雨，魏军被困于汪洋之中。关羽得知这个消息后大喜，立即带兵前往，将魏军四面围住。魏军从四面突围，结果全部被关羽活捉了。于禁一时动了求生之念，便投降了关羽。关羽大笑道："还算识时务，把他关进荆州大牢，等候汉中王发落。"蜀军又捉来了庞德，关羽说道："你兄长与故主马超现在都在为汉中王效力，你也投降了吧？"庞德大骂道："魏王率领百万军士，定能踏平西蜀！你与你的汉中王都不会有好下场的！"关羽大怒，斩了庞德。事后，关羽感觉庞德还算是忠义之人，就厚葬了庞德。

　　许昌城内，曹操听说于禁投降，不觉流下泪来。曹操说道："于禁跟随我征战多年，立有战功无数，本是一员大将，怎么会晚节不保呀？"贾诩说道："魏王，樊城之时现在还没解决。"曹操说道："谁愿意前往？"徐晃说道："魏王，末将愿往！"曹操说道："万不可重蹈于禁等人的覆辙。"徐晃说道："末将一定不辱使命！"

　　就在关羽大战樊城时，东吴都督吕蒙突然告病，陆逊继任成为都督。陆逊给关羽书信，说明自己对关羽的种种敬佩，关羽十分得意，认为陆逊是一名胆小之人，不敢进犯。就将荆州城全部驻军都撤了出来，支持樊城。关羽听到徐晃前来，认为他不会全力攻击自己，两军阵前，关羽上前说道："公明，很多年不见了，你一向可好？"徐晃也施礼道："云长，头发可都是白了，故人在这里有礼了。"关羽还想要说些什么，就见徐晃提大斧说道："众士兵谁可取关羽首级，赏金千两，封万户侯！"关羽大惊道："公明，你这是什么意思啊？"徐晃说道："我与云长的交情，是私事；现在我是为魏王效力，解救樊城，是公事。徐晃虽只是一介武夫，也不能因私废公！"说完，大斧一摆，魏军就冲杀了过来。关羽也拿起青龙偃月刀与徐晃大战。

两军大战之时，樊城内的曹仁带兵冲了出来，蜀军受到夹击。关羽见势不妙，就说道："众人后撤，以后再图樊城。"

关羽回去途中，却听说了荆州已落入东吴之手，关羽却不信。关羽继续向前走，荆州守将赵累却狼狈地逃了出来。关羽大惊说："难道荆州真的已经失去了？"赵累对关羽哭诉了荆州的丢失经过。

关羽无奈，只得往麦城退去，又让人去四周请求援军。关羽曾经驻守荆州，得罪了很多人。结果将军傅士仁、南郡太守糜芳投降了东吴，上庸守将孟达投降曹魏，全都没有发来援军。东吴都督吕蒙四面围住了麦城，活捉了关羽。

孙权对关羽父子好生劝慰，关羽誓死不降。孙权无奈，只得将关羽父子的首级斩下。张昭从外面视察回来，听说孙权杀了关羽，大惊道："吴侯，这一下大祸将至呀！"孙权问道："有什么大祸？"张昭说道："曾经关羽与刘备、张飞结拜，三人不愿同生但愿同死。刘备如果知道是吴侯杀了关羽，那么他定会倾国之兵前来复仇呀！刘备已得益州全境，士兵有数十万之多，我们很难应敌呀！"孙权后悔道："孤也是一时气愤而为，这才错杀了关羽。那孤现在应该如何？"张昭道："现在我们可以将关羽首级送往许都，这样刘备就会认为杀关羽的是曹操，则西蜀之兵不向东来，而向北去。"孙权认为这个办法甚好，命人立即将关羽首级送往许都。

曹操接到关羽首级后问道："孙权将关羽首级送到这来是什么意思？"司马懿说道："魏王，这是孙权的移祸之计。一定是他一时气愤才杀了关羽，事后又怕刘备前来报复，才将关羽首级送给魏王。"曹操笑道："此匹夫竟然有如此心计！不过我不会上当。传令百官，将关羽按王侯之礼安葬，文武百官和我都要挂孝前往。"

第二天，许都城内一片白色，曹操带着文武百官，亲自为关羽挂孝。

子贡游说各国

春秋末期，齐简公兴兵讨伐鲁国。鲁国实力无法与齐国相拼，形势十分危急。孔子的弟子子贡分析形势，认为在当时只有吴国可以与齐国抗衡，可以借助吴国兵力挫败齐国军队。于是子贡游说齐相田常。田常当时蓄谋篡位，急想铲除异己。子贡劝他不要让异己在攻击鲁国中轻易取胜，同时这些人还能扩大势力，而应该劝他们攻打吴国，借强国之手铲除异己。田常心动，但

是因为当时齐国已作好攻鲁的部署，转而攻吴，怕师出无名。子贡说："这事好办。我现在就可以劝说吴国救鲁伐齐。"田常高兴地同意了。

子贡前往吴国，对吴王夫差说："如果齐国攻下鲁国，势力必定会强大。大王不如先下手为强，联合鲁国攻齐，吴国不就可抗衡强晋，成就霸业了吗？"子贡马不停蹄，又说服赵国，派兵随吴伐齐，解决了吴王的后顾之忧。

子贡一连游说三国，达到了预期的目标，他又想到吴国战胜齐国之后，一定会要挟鲁国，鲁国不能真正解危。于是他又快马赶往晋国，向晋定公陈述利害关系：吴国讨伐鲁成功，必将转而攻晋，争霸中原。劝晋国加强备战，以防吴国进犯。

公元前484年，吴王夫差亲自率领10万精兵以及3000越兵攻打齐国，鲁国立即派兵助战。齐军中了吴军诱敌之计，陷于重围，齐师大败，齐国只得请罪求和。夫差获得胜利后，骄狂自傲，立即移师攻打晋国。因为晋国早有准备，击退了吴军。

第四计　以逸待劳

 原文　困敌之势，不以战。损刚益柔①。

 注释

①损刚益柔：此语出自《易·损·象》。损刚益柔即根据这一卦象讲述"刚柔相推而生变化"的普遍道理。

 译文

控制敌人力量的发展，迫使敌人处于困难的境地，而不是采取进攻的方式，此便是"损刚益柔"原理的应用。

计谋应用

伍子胥疲楚

公元前512年，吴王在大将孙武、大夫伍子胥、太宰伯嚭的辅佐下，国力大增。他认为可以攻打楚国了，便召集这些得力大臣共同商议出兵大事。

孙武进谏："此时大王远征楚国，时机还不成熟。楚国地大物博、兵多将广，而我们吴国是个小国，人口少，物力也不够富足，要想打败楚国，还要准备几年。"

伍子胥自己的父兄是被楚王杀害，他想快些报仇，在同意孙武的意见时，又提出了一个"疲楚"的妙计：把吴国的士兵分为三军，每次用一军去袭扰楚国的边境，一军返回，另一军再出发，这样，自己的军队可以得到充分的休整，楚国的军队就会疲劳不堪。

孙武与伯嚭对于伍子胥的计策都很赞成。于是，第二年，阖闾开始实施伍子胥的"疲楚"计划：派一支部队袭击楚国的六城和潜城，楚国连忙调集军队援救潜城，吴兵则已离开潜城攻破了六城。过了一段时间，吴兵又攻击楚国的弦。楚国又连忙调集军队奔走数百里援救弦，但是，援军还没有赶到弦，吴兵已经撤退回国了。一连6年，吴国用此"疲楚"之计致使楚国军队疲于奔走，消耗了大量实力。

公元前203年，楚国命令尹囊瓦攻打蔡国，蔡国联合唐国向吴国求救，阖闾认为这是一个出兵攻楚的大好时机，再次召集得力大臣商议出兵之计，伍、孙、伯3人一致同意阖闾的意见。这一年冬天，阖闾亲自率领伍子胥、伯嚭、孙武，带领全国军队共计6万多人誓师伐楚。

吴军长驱直入，迫近汉水方才遇到囊瓦的"阻挡"。决战时，双方军队一接触，楚军就土崩瓦解。吴军乘胜追击，快速将楚国都城郢占领。

铁木真以逸待劳破敌师

铁木真统一蒙古各部落之后，举贤任能，势力一天天地强盛起来。曾经与铁木真结为盟友的札木合产生好战之心，希望有机会与铁木真一比高低。

铁木真的叔父居住在撒阿里川一带，经常带领部属到野外放牧马群。一次，他的一群马被人劫走，放马人急忙通报他。他非常愤怒，只身一人前去追赶。傍晚时分，他追上劫马者，把为首的那个人用箭射倒，然后乘乱将马群赶回。

原来，铁木真叔父射中的那个人正是札木合的弟弟。札木合知道后痛苦万分，便联合塔塔儿部、泰赤乌部等13部，合兵3万，杀奔铁木真的营地。

铁木真也立即集合部众3万人，分好13路等待迎敌。最初，铁木真的部队抵挡不住气势汹汹的札木合军，不得不且战且退。在军务会议上，博尔术对铁木真说："现在地方的气势旺盛，意在速战速决，我军应该以逸待劳，等待敌军力衰之时再出击掩杀，一定会大获全胜。"铁木真采纳了博尔术的意见，集众固守。札木合几次遣军进攻，都被铁木真的弓箭手一一射退。

原本，草原兴兵，从来不带粮草，专门依靠沿途抢掠或猎获飞禽走兽。札木合远道而来，军粮渐渐难以支撑，又没有地方抢夺，士兵只得四处觅野物，

整日不在军营当中。博尔术见敌军相继出游,东一队,西一群,好像一盘散沙,立即入帐禀报铁木真。铁木真感觉时机成熟,便命各部奋力杀出。

这个时候的札木合正在帐中休息,得知铁木真发动进攻,连忙吹号角集合部队,可是他的士兵大多数出外捕猎,还没回来。札木合手下的 12 个主将因为敌不过铁木真军队的进攻,纷纷落荒而逃。札木合见大势已去,快马逃走。已养足精力的铁木真军,将札木合营帐中的部队数千人全部消灭。

【三十六计】 第五计　趁火打劫

 原文 　敌之害大①，就势取利②，刚决柔也。

 注释

①敌之害大：敌人遇到巨大危机。②就势：趁势。

 译文

当我方发现敌人内部出现巨大危机之时，我方就要趁机取得好处。用强大的力量打击虚弱的敌人。

计谋应用

苏峻趁火打劫

东晋明帝驾崩后，年幼的成帝当了皇帝。所有政权落在了外戚庾亮手中。庾亮感觉苏峻在历阳终究会危害朝廷，决定将他征调进京，夺取他的兵权。此议一出，举朝皆以为不可，但大多不敢吭声，唯有王导、卞壶等数人表示反对。此时的庾亮西忧陶侃，北忧苏峻，并且还有外患缠身。苏峻利用这个机会，指挥苏、祖联军两万多人从横江渡口抢渡长江，进抵陵口。晋中军队无法抵挡，连战连败。

有大臣建议在小丹杨打伏击战，庾亮没有采纳。苏峻真的绕道小丹杨，而且在夜里行军还迷了路。如此一个歼灭苏峻、扭转危局的大好机会又被庾亮贻误了。苏峻攻陷宫城后，放纵士兵奸淫掳掠，残忍无道。导致人民怨声载道。苏峻自封骠骑领军将军，录尚书事，并封祖约为太尉、尚书令。同时，他分兵攻占义兴、晋陵等地。

陶侃率领东晋水军开往石头城讨伐他。苏峻统领8个人迎战，其子苏硕与将领匡孝分兵冲击东晋赵胤军，将赵胤打败。苏峻见赵胤军溃逃，连忙带领数名骑士追赶，没有赶上。在回马白木陂时，他的马突然被绊倒，又被陶侃部下门将彭世、李千投过来长矛击中。苏峻被斩首、割肉、焚骨，三军齐呼万岁。苏峻就这样被平定了。东晋进入相对安定时期，事后70年无战乱，社会经济逐渐得以恢复。

庾亮一直是西忧陶侃，北忧苏峻，外患缠身，正好给苏、祖趁火打劫的机会，苏峻一举攻下京城，并控制天子，获得胜利。

苏峻不但不利用如此大好的形势，前去拉拢东晋兵权在握的陶侃，而是大肆屠杀，陶侃的儿子也被他杀掉，与陶侃结下了冤仇。

秦吞腐蜀

韩国、蜀国发起了战争，两国都来向秦国告急，秦惠王打算出兵征讨蜀国，但考虑到道路险峻难行，韩国又可能来侵略，一直犹豫难以定夺，秦王将大臣司马错和张仪叫来商量对策。司马错建议秦惠王出兵攻打蜀国，张仪不赞成，张仪说："此时不如前去讨伐韩国。"秦惠王说："请谈一下你的见解。"张仪回答说："此时我们应和魏国、楚国亲善友好，然后出兵黄河、伊济一带，攻取新城、宜阳、兵临东西周王都，控制象征王权的九鼎和天下版图。这样我们便可以挟天子而令天下，各国就不敢不从，这是称王的大业。要获取名声应该去朝廷，要赚取金钱应该去集市。现在的黄河、伊洛一带和周朝子室，如同天下的集市和朝廷，大王您不去争雄，反而和远方的小国争斗，这不符合您帝王的大业啊！"司马错反驳张仪说："不对。我听说，想要使国家富强就必须先开拓疆土，想要使军队强大必须先让百姓富裕，想要成就帝王大业必须先树立德望。具备了这些，帝王大业才能水到渠成，现在大王的国家地小民贫，我建议先从容易的事做起。蜀国，是西南偏僻之国，又是戎狄之族的首领，政治混乱，现在出兵攻打蜀国，就像狼入羊群一样简单可取呀！"

秦王思考了一会儿，决定听从了司马错的建议，于是调集重兵攻打蜀国。

这样秦国仅仅用了 10 个月的时间，就打败了蜀国。蜀国被秦国吞并后，秦国越来越富庶和强盛了。

【三十六计】 第六计　声东击西

原文　敌志乱萃①，不虞②，坤下兑上之象，利其不自主而取之。

注释

①敌志乱萃：敌人情况混乱。②不虞：没能预料到。

译文

在敌人内部出现混乱后，就会形成意外的危机四伏不能启控的混乱局面，我军便可利用这种机会，灵活运用声东击西的办法消灭敌人。

计谋应用

汉文帝降服南越

　　汉高祖建立大汉之时，并没有统一南越诸地。汉高祖十一年，下诏封原秦南海郡都尉赵佗为南越王，派遣陆贾前去传授印玺和绶带，互通使节，使他协调安集百越，不要变成南方边境的祸害。陆贾来到番禺，最开始南海郡尉赵佗傲慢之至地接见汉使。陆贾最终说服赵佗接受了封爵，劝他向朝廷称臣，奉行汉朝的法令规章。陆贾回到长安报告，汉高祖非常高兴，任命他为太中大夫。

　　高后吕雉四年，汉朝关闭对南越的关市，禁止铁器输出。高后五年春，赵佗登基为南越武帝，发兵进攻长沙国，攻取了数县之后撤回。隆虑侯周灶奉朝廷命令领兵进攻南越，当时正值暑热潮湿，军中瘟疫流行，军士们大多病倒，汉军无力越过五岭。出兵一年多，高后去世，汉文帝即位。汉军随即退兵。赵佗趁这个时机大肆宣扬兵威，自称南越武皇帝，发号施令，公然与

汉朝廷抗争。

汉文帝命令给在真定的赵佗父母亲的坟墓设官员守卫，负责按时主持祭祀；并将赵佗的兄弟，任命为高官，给予他们优厚的赏赐和特殊的恩宠；又派陆贾出使南越，带去致赵佗的亲笔书信，信中写道："朕希望以后我们都能不计前嫌，通使友好和以前一样。"

南越王赵佗叩头谢罪，表示愿意奉行汉文帝的诏书，永做藩臣，于是下令南越国说："我听说两名英雄不能共力，两贤不能共处一世。汉朝皇帝为当世贤明天子。从今以后我把帝制取消。"南越从此太平无战事。

司马懿声东击西

公元299年，诸葛亮兵出祁山，分别驻扎三寨，专门等候魏军到来。魏军得知蜀军进犯，司马懿担任统帅，张郃担任先锋，戴凌担任副将，率军10万前往祁山迎敌。魏军到达祁山后，下寨于渭水之南，当即有前锋部将郭淮，

孙礼入寨参见。司马懿问道："前线的情况怎么样了？你们有没有与蜀军交锋？"郭、孙二人回答说："蜀军刚刚来到这没几天，还没有出战。"司马懿说："蜀军远道而来，本应速战速决，今天竟然不急于出战，其中一定有阴谋。"说完，又问陇西各路有什么信息。郭淮回答说："根据我们的人探听，陇西各郡守军都十分用心，日夜提防，没有发生什么意外情况，只有武都、阴平二处，还没有传来消息。"

司马懿考虑了一会儿，对着郭淮、孙礼说："明天我带兵出阵与诸葛亮交战，你二人可从小路前往增援武都、阴平，然后从背后掩袭蜀军，这样可使蜀军阵势自乱，我军再乘乱出击，可获全胜。"

郭、孙二人领命后，立即调遣5000人马从陇西小路，直奔武都、阴平，并按照司马懿的嘱咐，从蜀军背后发起奇袭。却没有想到二人领兵正行进间，忽然有人来报，说是武都、阴平已经先后被蜀将王平、姜维攻破，郭、孙两人率领的军队前锋已经离蜀军不远，孙礼听到这一消息，十分慌乱，于是商议退兵之事，正要下令退兵，忽听一声炮响，山背后闪出一支军马来，两人看到旗上写的是诸葛亮，诸葛亮正端坐在一辆车上，左有关兴，右有张苞。郭、孙二人见此情景，不禁大惊失色，只听见诸葛亮坐在车上大声笑道："郭淮、孙礼休想逃走，司马懿搞声东击西计，怎么可能瞒得过我？你二人还不早早投降？"王平、姜维又领一支蜀军杀到，与前面的关兴、张苞形成前后夹攻之势，魏兵大败，郭淮、孙礼也只得弃马爬山而走。

第二套　敌战计

敌战计，包括无中生有、暗渡陈仓、隔岸观火、笑里藏刀、李代桃僵、顺手牵羊。

敌战计是指要在敌我双方对峙的情况下有意识地主动创造有利于我方的条件和时机，造成敌方的错觉，使之处于被动，受制于我。从而在这样的情况下得以保全自己。

【三十六计】　第七计　无中生有

 原文 诳也，非诳也①，实其所诳也②。少阴，太阴，太阳。

注释

①诳：无中生有，做假。②实其所诳也：把假象变成真相。

译文

无中生有就是运用假象，但不是始终做假，而是将假象变成真相，用大大小小的假象来掩盖真相。

计谋应用

张仪使用无中生有计大破楚国

战国末期，七雄并立。其中这7个国家中数秦国兵力最强，楚国地盘最大，齐国地势最好。其他4个国家都无法与他们抗衡。当时，齐楚结盟，秦国无法从中获得利益。秦国的相国张仪是一位著名的谋略家，他向秦王建议，离间齐楚，再分别攻击。秦王觉得有理，遂派张仪出使楚国。

张仪带着贵重的礼物前去拜见楚怀王，说秦国愿意将商于之地600里送

给楚国，只要楚国能与齐国结束盟约。楚怀王一听，觉得有利可图：一得了地盘，二削弱了齐国，三又可与强大的秦国结盟。根本顾不得大臣们的反对便答应了。楚怀王派逢侯丑与张仪前往秦国，签订条约。二人将要到达咸阳的时候，张仪假装喝醉酒，从车上掉下来，回家养伤。逢侯丑只好在馆驿住下。过了几天，逢侯丑见不到张仪，只得上书秦王。秦王回信说：既然有约定，寡人定然会遵守。但是楚国现在依然没有与齐国结束盟约，寡人又怎么能随便签约呢？

逢侯丑向楚怀王报告了这件事情，楚怀王这名庸主哪里知道这是秦国设下的圈套，立即派人到齐国，大骂齐王，齐国颇为愤怒地与楚国结束了盟约。

这时，张仪走出来见到了逢侯丑，说："你怎么还没有回去呢？"逢侯丑说："我正打算与你一同去见秦王，签约商于之地的事儿。"张仪却说："这点小事，不要秦王亲自决定。我当时已说将我的奉邑6里，送给楚怀王，我说了就成了。"逢侯丑说："当时你说的是600里啊！"张仪故作惊讶："我说过吗？怎么可能，秦国土地都是征战所得，岂能随意送人？你们听错了吧！"

逢侯丑无奈，只好回去报告。楚怀王大怒，发兵攻打秦国。当时秦齐已经结盟，在两国夹击之下，楚军大败，秦军尽取汉中之地600里。

祖逖迷惑敌人

东晋元帝太兴三年，陈川为陈留地方的豪强地主，他投降后赵国主石勒，祖逖打算发兵进攻陈川。石勒派兵5万援救，被祖逖打得大败。第二年，后赵的将领桃豹和祖逖的部下韩潜又争夺蓬陂城。祖逖驻扎在蓬关的东部，由东城出入；桃豹据守蓬关的西部，由南城出入。两军互相不后退，僵持了40天之久，双方军粮都发生了困难。

祖逖发现了这个问题，有了粮食，军士们的士气就会高涨；缺了粮食，军士们的士气就会低落，谁能坚持到最后，谁就能取得胜利。于是心生一计，他让人用土将布袋装得满满的，从表面看，与军粮一模一样；再派1000多人假装运粮食，把这些装着土的布袋从城外运到东城的高台。同时又派几个人挑着真正装着米的布袋，故意掉队，装作很累的样子，停下来休息，引诱后赵的部队来抢米。

桃豹手下的人，发现晋军一直在运粮，早就想上前劫持，苦于晋军成群结队，无法下手。后来看到有几名掉队的，就忽地冲了上去。掉队的晋军赶

快扔下粮食逃命，桃豹手下的人将几袋米抢走。

赵营里早就已经断了粮，抢到这么一点米，只能够勉强维持几天，但是大家远远看到晋军堆在东城高台上的布袋，以为里面全是粮食，一想到晋军粮食还有那么多，再坚持几个月他们都没问题，而自己已经断了粮草，怎么还能打仗呢？因此将士们的心情都颇为沮丧，军心渐渐动摇了。

为了继续与晋军相持下去，桃豹向石勒求救。石勒即派部将刘夜堂率领兵马给桃豹的守军运粮。祖逖早已预料到此事，所以派韩潜、冯铁两位将领带兵在汴水北岸阻击，将刘夜堂的运粮队全部俘获。

桃豹听到运粮队被晋军劫获的消息，感到大势已去，再也无法支持，只得连夜逃走。祖逖乘胜追击，向北挺进。后赵很多地区纷纷归降祖逖，地盘越来越小。

【三十六计】第八计　暗渡陈仓

 原文　示之以动①，利其静而有主。益动而巽。

 注释

①示之以动：军事上的佯攻等迷惑敌人的行动。

 译文

　　故意以佯攻等办法暴露自己的行动，敌人便会固守，利用这个机会从别处偷袭敌人。像《易经·益·象》所说的那样雷动风从，就能趁虚而动，出奇制胜。

韩信第一功

　　韩信被拜为大将后，便计划着出关东进。一天，韩信在军帐内坐着，召先锋樊哙进帐听令："将军拜受先锋之职，汉王马上就要出征，通往三秦的栈道已经被张良放火烧毁，三军不便通行。现在命你带领1万人夫，重新修整。周勃、陈武协助监修，限期1月完工。"

　　樊哙说："元帅将领不敢不从。但是栈道艰险，被烧毁的有300余里，1个月之内真的是无法完成。"韩信摆摆手说："遇到困难不要逃避！一直听说将军忠义，正当去建如此奇功。勿要推诿，立即启程。"

樊哙本还想推脱，最后无奈只得忍气吞声，带领1万人夫，连夜赶赴栈道抢修。栈道山路崎岖，树木丛生，三军根本没有立足之地，修复工作无从着手。

樊哙心想："一定是韩信没有什么计谋伐楚，将这个责任推到我的头上，他拖延时间，不肯发兵。"不管怎样，樊哙也只好带着周勃、陈武攀山越岭，察看地形……

樊哙三人看到这条路如此险恶，面面相觑，彼此相顾说："如此险峻的高山，就算给我们10万壮士，恐怕1年也无法修完！"

作为主将的樊哙，也不敢泄气，只得说："韩信下了死命令，现在他正受汉王宠爱，我等只好吃苦耐劳，加紧修筑才是！"

樊哙带着1万人夫，努力修路，每天都累得精疲力竭，一边诅咒张良，一边骂韩信。士卒疲苦，很多人已经受伤，樊哙一筹莫展。

没过几天，就看到中大夫陆贾，带领数十从人，扛着一块大木牌前来。木牌上赫然写着："大军马上就要东征，樊哙加紧修路，准时出师；违反限期，军法处置！"

樊哙看到后，心中异常苦闷，忙向陆贾求情："栈道工程十分浩大，这点儿人1个月根本修不完，敢劳大夫大驾，与我在元帅和汉王面前方便一言。"

樊哙将陆贾请到自己的帐中，准备酒肉招待，希望陆贾可以为他方便一二。陆贾趁无人之际，与樊哙耳语一番。樊哙听了转愁为喜，酒完茶罢陪着陆贾走出工所之外，樊哙一路嚷嚷而行。樊哙一边走一边说："这么浩大的工程，别说1个月，就是1年也无法完成！"

陆贾要离开的时候高声吩咐："樊将军不可以耽误，违了元帅期限。元帅定当以军法处置你。"

大散关守将为章平，是雍王章邯之侄，得知刘邦派樊哙带兵修筑栈道，准备东征。这些日子多次收到亚父范增檄书，令章平用心把守散关，一有消息，立即传报三秦。章平立即将这里的情况飞报章邯。

章邯看后，对左右说："韩信此人胆小之至。被刘邦拜为大将！韩信素来没有威望，一日之间拜为大将，怎么能让三军服从呢？数百里栈道，短时间内怎么能修完呢？韩信这样做只不过在拖延时间而已。"

便差人回报章平，章平也不做防御汉兵准备。

一天军士来报："汉地有修建栈道民夫100人受苦不过，逃来投降。"

章平看到其中有两个领头人一为姚龙，一为靳武。姚龙、靳武二人做事谨慎，得到章平信任，很快被提拔为大旗牌官，经常参与章平在关上的大小事情。

韩信整顿军马完备，奏请刘邦选择一个时日起兵。各位将士面面相觑，但是不敢动问，只得密奏刘邦。刘邦也不知道什么事情，忙唤萧何询问。

韩信回答说："这叫明修栈道，让三秦不做准备，汉军便可以从陈仓小路进军，不出10日，便可抵达散关，让章平以为我军从天而降，这叫暗渡陈仓。丞相不要让大王忧虑，将此实情告诉他就可以了。"

刘邦知道后大喜，第二天便传令大小文武群臣随驾东征，只留萧何镇守汉中、巴蜀。

韩信带领人们，不走栈道，直往陈仓小道前进。樊哙带领前军开路，大军鱼贯而进。散关守将章平，探听栈道的修筑情况，来报者回答，工程完功遥遥无期，没有任何东征迹象。章平与姚龙、靳武等人自认为平安无事，毫无防备。

忽然有守军报告说："樊哙率领头军来打关。"章平这才愣了，忙一边差人飞报章邯，一边准备出兵攻打樊哙。章平与姚龙、靳武商议，说自己带兵前去与樊哙交战，姚龙、靳武二人带兵把守四门，严防汉兵偷袭。

章平敌不过便回，闭门不出。后来姚龙、靳武斩下章平头颅，大开城门，迎接汉王。原来姚龙、靳武是之前韩信安排到这里投降的。

【三十六计】 第九计　隔岸观火

 原文　阳乖序乱①，阴以待逆②。暴戾恣睢③，其势自毙。顺以动豫，豫顺以动。

注释

①阳乖序乱：因为敌人内部矛盾激化，以致公开地表现出多方面的秩序混乱。②阴以待逆：我军可以暗中静观，等待敌方局势进一步恶化。③暴戾恣睢：凶残暴虐。

译文

在敌人内部出现矛盾后，因多方面纠纷而导致混乱时，我军可以暗中静观，等待敌方局面进一步恶化，结果敌人必然自行灭亡。这样，顺时而动，必然事半功倍。

179

计谋应用

苏代暗中点"火"

　　战国时期，中原许多小国纷纷独立。列国诸侯相互争夺霸业，常常会发动战争，中原大地连年战祸不断。周王室已经日落西山，战国群雄纷纷占地自立为王。经过长期的战争，战国七雄逐渐占据了重要位置，这七雄分别为：秦、楚、齐、赵、燕、韩、魏。其中秦国因为地理位置原因，长期与北方少数民族作战，将领作战经验丰富，士兵也骁勇善战，逐渐成为七国中的霸主。此时能与秦国所抗衡的就数赵国了。

因为秦国特别想快些进军中原，经过长期的准备便向赵国发动了进攻，在长平地区秦赵爆发了一场大战，后来赵王中了秦国的反间计，在阵前将老将廉颇换下，只会纸上谈兵的赵括率领40万赵国精锐同秦国作战失败。

秦国使用名将武安君白起大败赵国。白起在长平一战中，将赵国的40万大军全部歼灭，赵国国内一片恐慌。白起趁机连取赵国17城，直接打到赵国国都邯郸，赵国指日可破。赵国情势危急，春秋四公子赵国平原君的门客苏代向平原君献计，愿意赶往秦国，以救燃眉之急。苏代带着许多贵重的礼品到达咸阳拜见应侯范雎，对范雎说："白起在这次长平之战中，威风凛凛，现在又直逼邯郸，他会成为秦国一统天下的头号功臣。我担心他会在您的地位之上，而且这个人也不好相处。"

范雎沉默了好一会儿后，开口问苏代有什么对策。苏代说："赵国已经非常衰弱，现在任何一人都可以攻破赵国，何不劝秦王暂时同意议和。这样可以剥夺武安君的兵权，您的地位就稳如泰山了。"范雎答应了，立即进宫

面奏秦王。

范雎对秦王说："秦兵一直在外征战，需要修整，不如现在暂时息兵，允许赵国割地求和。"当时范雎为秦王最宠信和依赖的大臣，凡是他的建议秦王都会答应，秦王稍稍思索了一下便宣布罢兵休战。结果，赵国献出 6 城，两国罢兵。赵国得到一个苟延残喘的机会，避免了短时间内的亡国之忧！

白起忽然接到命令要班师回国，心中大为不快，眼看到手的大功劳就要如此被阻绝了。回来之后白起得知是应侯范雎的建议，因范雎位高权大，也无可奈何。

两年后，秦王又派人前去请白起进攻赵国，白起便装病不答应。

秦王非常生气地说："难道我们国家除了白起就没有大将可用了吗？"于是又派王陵攻取邯郸，一连 5 个月也没攻下来。秦王只好再次令白起挂帅，白起仍然称病重，不能接受命令。秦王愤怒至极，范雎在一旁煽风点火，最终削了白起的职，将他赶出咸阳。这时范雎又对秦王说："白起心怀怨恨，如果让他跑到别的国家去，以他的军事才能与对我国的了解，对于秦国来说一定是个祸害。"秦王听后，连忙派人赐剑白起，让他自刎。

可怜为秦国立下汗马功劳的一代名将武安君白起，最后落得这个下场。秦国失去了一员大将，同时赵国也解了心头之恨。

【三十六计】**第十计　笑里藏刀**

原文　信而安之，阴以图之①；备而后动，勿使有变。刚中柔外也②。

注释

①阴以图之：悄悄地图谋对方。②刚中柔外：表面柔弱，内心坚强。

译文

　　使敌人相信我方的势力弱，等待对方麻痹松懈，然后暗地图谋对方。经过充分准备然后行动，不使敌人来得及应变。表面上要装作很柔弱的样子，背地里要强硬。

计谋应用

公孙鞅笑里藏刀

　　战国时期，秦国雄心之强，为了对外扩张发展自己的势力，必须夺取地势险要的黄河崤山一带，便派遣公孙鞅率领军队攻打魏国。公孙鞅大军直接开到魏国吴城城下。这吴城原是魏国名将吴起苦心建立起来的，地势险要，工事坚固，正面进攻很难对其产生威胁。公孙鞅苦苦思索攻城之计。他探到魏国守将是与自己曾经有过交往的公子行，心中大喜。他马上修书一封，主动与公子行套近乎，说道，虽然现在我们俩各为其主，但考虑到我们过去的交情，还是劝你两国罢兵，订立和约为好。念旧之情，溢于言表。他还在信中建议约定时间会谈议和大事。信送出后，公孙鞅还摆出主动撤兵的姿态，秦军前锋从阵前撤回。公子行看罢来信，又见秦军退兵，非常高兴，便约定了会谈日期。公孙鞅见公子行已钻入了圈套，暗地在会谈之地设下埋伏。会谈那天，公子行带了很少的人到达约定地点，发现公孙鞅的随从非常少，而且全部没带兵器，对公孙鞅的诚意更不表示怀疑。会谈气氛十分融洽，两人重叙昔日友情，表达双方交好的诚意。公孙鞅设置了隆重的宴会款待公子行。公子行刚要入席而坐，还未坐定，忽听一声号令，伏兵从四面包围过来，公子行和300随从反应不及，全部被擒。公孙鞅这些被俘的随从，骗开吴城城门，占领吴城。魏国只得割让西河一带，向秦国求和。

口有蜜，腹有剑

　　唐玄宗早期执政，政治清明，国势强盛，出现了历史上著名的"开元盛世"。晚年时期，他开始宠信奸臣，逐渐昏庸起来。当时他在朝廷中宠信的第一个奸臣，便是当时人称为"口有蜜，腹有剑"的李林甫。

　　李林甫表面装得待人和善，十分厚道，其实他满肚子都是害人的计谋，谁要是得罪了他，他总要千方百计设法陷害，使用的计谋非常阴险，让人防不胜防；如果谁在皇帝那得到的宠爱超过了他，或者不与他同流合污，他不把对方踩翻在地绝不肯罢休。

　　李林甫善于讨好唐玄宗，慢慢爬上很高的位置，靠的是巴结唐玄宗身边的嫔妃与宦官。他知道玄宗最宠爱的是武惠妃，最亲近的宦官为高力士，便在这两位身上下足了工夫，李林甫巴结他们，然后让他们在唐玄宗面前举荐自己，就这样逐渐取得了玄宗的信任。

　　唐朝时期，宰相虽然在朝廷中特别受皇帝的重用，但当时朝廷里可以有好几个宰相。李林甫正在疯狂地往上爬，当时宰相中最有威望的应该是张九龄，唐玄宗便来听张九龄的意见，问他是不是可以提拔李林甫当宰相。张九龄毫不掩饰地说："李林甫这个人为人十分阴险狡诈，他当宰相只会给朝廷带来祸患。"最终唐玄宗还是没有听从张九龄的劝告，终于在公元735年，即他上台后的第23年，把李林甫提拔到宰相的位置上，李林甫便开始对张九龄报复起来。

　　当时唐玄宗有好几个儿子，大儿子李瑛已经被立为太子。后来，唐玄宗宠爱武惠妃，对武惠妃生的儿子李瑁便也另眼相看。武惠妃便常常在唐玄宗面前造谣说太子和两位皇弟结成朋党，在背后说了皇上许多坏话，还想陷害她母子。唐玄宗听后，大发雷霆，要废了太子。张九龄表示反对，他说："太

子从来没有离开宫廷一步，也没有任何过失，总不能就这样废了他吧？这样会招来臣民的反对的。"站在一旁的李林甫默不作声，后来他对玄宗身边的宦官说："这种事是皇上的家事，皇上自己做主就可以，又何必去问外人呢。"唐玄宗听到这话，觉得正符合自己心意，虽然不敢一下子废了太子，但对张九龄渐渐疏远。

李林甫发现后，便经常在唐玄宗面前制造是非诬陷张九龄，最终唐玄宗削了张九龄的权，只给他留了个徒有虚名的右丞相的职务，把李林甫提拔起来，顶替张九龄的职位。

一直渴望独揽朝纲的李林甫，找了一名目不识丁的武将牛仙客当宰相，张九龄上奏表示反对。可这时候唐玄宗只听得进李林甫的话了，居然把牛仙客调上宰相位置。

这个消息昭告天下之后，有一名叫周子谅的监察御史上奏说，牛仙客这个人不学无术，不能当宰相。唐玄宗大怒，当场把周子谅打得死去活来，将他贬往遥远的蓝田。这时候，李林甫立即对唐玄宗说："周子谅这个狂妄的臣子，原本是张九龄举荐的人，陛下还不知道吧？"唐玄宗正在怒火中烧，于是立即将张九龄也贬到荆州去当了个小小的长史，不久，张九龄便病死在荆州。

【三十六计】第十一计　李代桃僵

原文　势必有损，损阴以益阳①。

注释

①损阴以益阳：牺牲很小的利益而争取全局的胜利。

译文

当局势发展到必须做出某种牺牲的时候，要舍得以小的利益而换取全局的胜利。

计谋应用

赵氏孤儿

公元前607年，晋灵公因为荒淫无道，残害百姓，被势力强大的赵氏家族成员所杀。几年后，晋景公上台主持政务。宠臣屠岸贾趁机对晋景公说："赵氏家族曾经赶杀灵公，现在又密谋造反。"晋景公信以为真，命令屠岸贾率领御林军前去打击赵氏家族，并将其满门抄斩。有位不赞成这样滥杀无辜的大臣，将这个灭顶之灾告诉了赵氏家族的主要成员赵朔。赵朔就先把已怀孕的夫人——原晋侯的女儿送入宫中躲藏，然后赵朔自杀身亡。没过多久，屠岸贾便率军队冲进了赵家，将赵氏家族的所有成员全部杀害。赵朔的夫人因

为事先躲入宫中而幸免于难。后来赵朔的夫人分娩，生下一子，取名为赵武。不小心这个消息传到了屠岸贾的耳朵里，屠岸贾派人四处搜寻赵氏孤儿，并下令把晋国半岁以下、一月以上的婴儿全部杀掉，如果谁敢帮助隐藏赵氏孤儿，那么将会被处以极刑。

在赵氏家族将会被斩尽杀绝的危急时刻，赵家的两位忠实门客程婴和公孙杵臼为保住赵氏孤儿挺身而出。程婴有一名儿子与赵武同龄，他愿意将自己的儿子献出代赵武去死。公孙杵臼说："你既肯舍弃自己的儿子，那就将他交给我，我带你的儿子躲藏于太平庄上，你去屠岸贾那报告，屠岸贾将率军队来捉拿，将我与你儿一并处死。以后赵氏孤儿就交与你抚养成人了，为他父母报仇，这才是一个上策。"二人商量好后，程婴就往屠岸贾处告发。

如此，公孙杵臼和程婴的儿子都被屠岸贾处死了，真正的赵氏孤儿从宫中秘密送出，交程婴抚养成人。

在赵武十五岁那年，晋悼公为赵氏家族恢复了名誉和地位。赵武也在程婴的告知中，知道了自己的身世，就对晋悼公说："屠岸贾此人残暴已久。我与他有不共戴天之仇，请允许我杀掉屠岸贾的全家，为赵氏家族报仇，为程婴、公孙杵臼等忠良雪恨！"晋悼公批准了。于是赵武带领侍卫杀了屠岸贾全家。

完子以身殉道

春秋末期，齐国大夫田成子将齐国大权抓在手中，正值齐国面临内外交困的局面，内部百姓怨气很大，外部诸侯不服。田成子因上台的"名分不正"，所以，对此一直没有好的办法。终于赵国借口田成子谋逆篡权，出兵讨伐齐国。田成子连忙幕僚们商议，大家的意见分歧很大。来来去去，田成子都觉得不是破敌良策。他心想：倾城出动迎敌，不仅耗费国力太大，而且仅仅依靠一批善战勇士带领老百姓去打仗，不一定能获胜，现在自己地位又不太稳定，如果这件事做不好，那么定会出现被反戈一击的局面。割让土地求和也不是上策，自己刚刚掌权，无法在众臣面前建立威望，后患无穷。

就在田成子思来想去苦无良策之时，他的哥哥完子前来献计："我请求大王准许我率领一批贤良之士出城迎敌，迎敌之势一定要大，而且一定要战败，不仅战败而且一定要全部战死。只有这样，才能退赵兵，保齐国。"

此话刚一出口，满座都非常惊讶。田成子迷惑不解地问道："你为什么要带一批贤良之士出城迎敌？"

完子从容回答："现在弟弟刚刚统领齐国，老百姓还不了解你的治国本领，没有看到你的政绩，很多人会在私下里议论，说你是窃国之盗，不一定愿意为你打仗。现在赵国来犯，而贤良之中又有不少骁勇善战爱国之将，他们认为齐国蒙受了羞辱，渴望出兵迎战。在我看来，出现这样的情况，我们齐国已经很令人忧虑了。"

田成子说："哥哥所言极是，但是为什么非要你去主动战死才能保全国家呢？难道就没有别的方法吗？"

完子说："此时的赵国出兵也就是想要在诸侯面前显示一下自己的威风，从中获取个正义的名声，况且，现在以赵国的实力完全吞并我们齐国是根本

不可能的。我带领一批贤良之士，出兵迎敌，战而败，败而死，如此便是以身殉道。赵国一看杀死了你的兄长，教训齐国的目的也就达到了。而随我战死的那些人也为国尽了忠心，没有战死的也不敢再回到齐国来，这样一来，国内的人心也就稳定了。所以，在此时的非常时期，这是唯一的救国之道。"

田成子边听边流泪，他为哥哥的自我牺牲精神所感动。为挽救齐国，他只好听从了兄长的意见。果然不出完子所料，在赵国军队杀死包括完子在内的一批贤良之士之后，立即撤兵回国，齐国终于转危为安。

这个故事与其说是战争中的李代桃僵，不如说是政治上的李代桃僵。完子在权衡利弊之后，果断做出了以身殉国的决定。他充分抓住了赵国的企图，成功地利用李代桃僵的计策，使齐国避免了一场灾难。

【三十六计】 第十二计 顺手牵羊

 原文 微隙在所必乘[1]，微利在所必得。少阴，少阳[2]。

 注释

①隙：疏漏。②少阳：我军可以利用敌人疏漏而取得小的胜利。

 译文

敌军出现小小的疏漏也必须利用，很小的利益也必须获取。要善于利用敌人小小的疏忽为我方带来小小的胜利。

计谋应用

英国舰队顺手发财

1702 年夏季，英国一支舰队突然出现在西班牙的加的斯港。在此之前，英国与西班牙多次进行海战，为争夺海上独霸权。此次，英国舰队作战的意图是十分明显的，即夺取加的斯港，由此控制地中海的入海口。

此支英国舰队的司令官为奥蒙德公爵。当他的舰队驶近港口时，由于根本不知道敌军的情况，奥蒙德公爵十分谨慎，没有立即下达进攻命令。其实，这个港口的西班牙军队军备懈弛，兵力不足，如果马上对其突袭，那么西班牙人必败无疑。过了一段时间，当港口的西班牙守军已完全准备好后，奥蒙德公爵才下令让英军攻击，结果战斗打得异常艰苦，双方相持一个多月之久，西班牙人仍然在拼死保卫，英国人无法登陆。

面对与日俱增的伤亡和军需的消耗，乔治爵士向奥蒙德公爵建议说："若我们再这样僵持下去，会支持不住的。不如现在收兵回国，等待时机，保存一些实力也好向国王交代。"奥蒙德公爵这时情绪很低落，如此的现状让他不得不下令退军。他命令手下通知各舰，清点人数和食品、淡水的储备量，计算好每日的消耗量，准备启程回国。

正当英国舰队准备撤离时，有人向奥蒙德公爵报告说：有一批西班牙的运宝船，刚刚停泊在距离加的斯港不远的比戈湾内。奥蒙德公爵听到如此消息，立即精神抖擞起来。他想，这次舰队远征一无所获，如果抢下西班牙这批宝物，回去也好在国王面前有所交代。于是，他下令舰队驶向比戈湾。英国水兵在发财欲望的刺激下，舰队全速前进，当比戈湾内的西班牙水军还没来得及反应时，便遭到英国水兵暴风骤雨般的打击，西班牙运宝船全部被英国人缴获。

奥蒙德公爵把缴获的 100 万英镑宝物献给了英国国王，国王不仅没有责怪他，反而对其加以赏赐。

第三套　攻战计

攻战计包括打草惊蛇、借尸还魂、调虎离山、欲擒故纵、抛砖引玉、擒贼擒王。

攻战计是指必须知彼知己，果断勇敢地面对战争中所遇到的各种问题，采取□极的态势，寻求敌方的弱点，欲求知己知彼百战不殆的效果。

【三十六计】 第十三计　打草惊蛇

 疑以叩实①，察而后动。复者，阴之媒也。

注释

①疑以叩实：发现疑点就应该去查探清楚。

译文

有疑点就应该去考察清楚，反复查探是发现隐藏之敌的重要手段。

计谋应用

萧衍攻心

南北朝齐永元二年，萧衍担任雍州刺史，手握重兵，这让南齐王萧宝卷感到非常不安。当时，南康王萧宝融担任荆州刺史，西中郎长史萧颖胄具体负责州府事务，在地方很有实力。萧宝卷派遣辅国将军、巴陵和潼两郡太守刘山阳率领3000兵士，打算与萧颖胄一起带兵袭取军事重地襄阳，进而将萧衍的势力消灭。

萧衍了解到这一情况后，就派遣参军王天虎赶往江陵，给荆州和西中郎府的官员们每人送去一封信，信中说："刘山阳正率领军队赶来，要同时袭击荆州和雍州。"萧衍对部将们说："荆州本来就惧怕襄阳人，加之荆州与雍州唇亡齿寒，不怕萧颖胄他不有所畏惧。"

萧颖胄看到萧衍的信件之后，一直犹豫不决。刘山阳到了巴陵，萧衍又一次命令王天虎送信与萧颖胄、萧颖达兄弟。王天虎出发之后，萧衍对幕僚张弘策说："用兵之道，攻心为上。前不久，我派遣王天虎去荆州，给每个人都送了信。近来驿使到处传信，只有两封信给萧颖。胄、萧颖达兄弟两人，信中只有五个字："王天虎口述"。他们必定不解其意，便问及情况时，王天虎又一句也说不上来，因为我从没有向他交代过一句话。王天虎是萧颖胄信得过的心腹之人，所以萧宝融肯定会认为萧颖胄与王天虎一起隐瞒着什么事情，没有人知道朝廷的用意何在。于是人人心中都会产生疑惑。这样一来刘山阳也会被众人的议论搞得迷惑不解，便会对萧颖胄产生疑心，他们互相之间将不信任。这样的话，萧颖胄就会进入进退两难的境地，无论如何也解脱不清自己，因此就必定要落入我的圈套之中。"

刘山阳到达江安，一直迟疑了10多天，不往前开进。萧颖胄对此大为恐惧，然而又想不出什么良策妙计来，夜里，他召集大家一起商议对策。众人说："萧衍在雍州招兵买马，已经不是最近才发生的事情了。要对付他们是难上加难，即使能制服他们，最终也不会为朝廷所容忍。如果斩了王天虎，将王天虎的首级送给刘山阳，他便不会再有什么疑惑。等他来了之后，再把他收拾掉，一定可以成功。"

第二天早晨，萧颖胄命人斩下王天虎的手，送到刘山阳驻地，并且调用民众的车，声称派遣步军去征讨襄阳。刘山阳对此便消除了疑虑，只带了几十个随从，前去见萧颖胄。萧颖胄在城内埋伏了兵力，刘山阳刚刚进入城门就被人斩下首级。襄阳之围随之不战而解。

三十六计

【三十六计】 **第十四计　借尸还魂**

 原文　有用者不可借①，不能用者求借②。借不能用而用之，匪我求童蒙，童蒙求我。

 注释

①有用者不可借：彼此都用得上的东西不容易被自己借用。②不能用者求借：在别人眼里有些看来无用的东西，往往可以借助它来发挥作用。

译文

大家都在争夺的东西常常不容易为我所用，而有些在别人眼里看起来没有用的东西往往可以借助它来发挥作用。不是我求助于愚昧的人，而是愚昧的人有求于我。

曹操迎献帝，得民望

　　建安元年春，汉献帝流落安邑。虽然此时汉献帝只是一位名存实亡的傀儡，但是在汉末天下分崩的形势下，依然是最高权力的象征。当时，从中央到地方的臣僚，拥护汉室的正统观念还很强。所以，有头脑、有远见的政治家都想将汉献帝控制在自己手中。从当时的力量来看，袁绍是最具有此条件的。沮授劝袁绍快点将汉献帝迎接回来，不然别人就会先下手，袁绍迟疑了。

　　当时曹操的军帐中也在商议是否将汉献帝迎回，曹操召集会议，商议是否迎奉汉献帝时，很多人都表示反对，只有荀彧独排众议，主张奉迎汉献帝。荀彧说："迎回汉献帝可以得到民望，同时可以控制群雄。"曹操在如此关键的时刻，坚决地采纳了荀彧的建议，奉迎汉献帝。恰逢董承不满韩暹矜功专恣，难以共事，他暗地里请曹操带兵去洛阳勤王。这样，曹操便名正言顺地带兵赴洛阳朝见汉献帝。随即在朝廷担任议郎的董昭建议曹操，以京都无粮为由，接汉献帝离开京都，不使杨奉等人生疑。曹操欣然采纳，顺利地将汉献帝奉迎到许州。从此，董昭便成为曹操的心腹谋士。

　　曹操在这件事上处理得非常果断，当时引起强烈的社会反响，特别是袁绍在得知汉献帝被曹操奉迎到许后，后悔不已，又想出了补救办法：以他盟主身份，以许潮湿，洛阳残破，应迁都鄄城为由，命令曹操把汉献帝迁到鄄城。曹操根本不理袁绍，而是请汉献帝发布了一道诏书责备袁绍："地广兵多，只知道自己扩展，不知道帮助朝廷讨伐贼寇。"

英国皇家飞行员之魂

　　第二次世界大战中，曾经强大的荷兰渐渐沦陷，英勇的荷兰人民主动拿起武器，抗击法西斯的残酷侵略。在荷兰北部曾出现过一个很有影响的秘密抵抗组织，据说这个组织是由一位名叫约翰尼·斯皮特法尔的英国皇家飞行员发起和领导的。这位飞行员在对法西斯的作战中屡建奇功，非常具有号召力，一时跟随他的人非常多。但是这位神秘的飞行员从来没有露过面，而他的计划、命令等都是由安妮姐弟俩传达的。直到战后，经过盟军的调查大家才弄明白，原来这个组织并不是由英国皇家飞行员领导。其实，这个抵抗组织的领导人正是安妮姐弟俩。

　　事情是这样的：德国占领荷兰后，对于荷兰人民进行了残酷的镇压，安妮姐弟俩的双亲也惨遭杀害，他们与德军有不共戴天之仇。一天晚上，他们在家门口发现了跳伞时身负重伤的英国皇家飞行员约翰尼·斯皮特法尔。他们毫不犹豫地将受伤的飞行员抬回自己家里掩护起来，并精心护理，偷偷请来医生为他治疗，冒着生命危险为飞行员找来药品。但是由于飞行员失血太多，没过几天就去世了。为掩人耳目，他们给飞行员换上了当地人的服装，然后把他安葬了。在他们为飞行员整理遗物时，忽然产生了一个大胆的想法：何不利用飞行员的名义来组织一个抵抗组织，打击法西斯主义呢？姐弟俩敢想敢干，他们很快就以已故去的英国皇家飞行员的名义来联络同志，当地有很多人参与进来，很快这个组织在荷兰北部就名声大振。他们多次向德军出击，使德军遭受了一次次沉重的打击。

【三十六计】**第十五计　调虎离山**

　待天以困之①，用人以诱之②，往蹇来连。

　注释

　　①待天以困之：在天时对敌人不利时再去围困他。②用人以诱之：以人为的假象去诱引敌人。

　译文

　　在天时对敌人不利之时要迅速围困他，以人为的假象去诱骗他，使敌人丧失优势，寸步难行。

周瑜调虎离山，取虎穴

东汉末年，群雄并起，各自雄霸一方。当时盘踞在长江和淮河地区的两名强人为会稽太守孙策和庐江太守刘勋。

孙策的父亲是孙坚，年仅 17 岁，年少有为，继承了父亲的大业，势力逐渐强大起来。公元 199 年，孙策打算向北推进，而向北是庐江太守刘勋的地盘，于是孙策就准备夺取江北庐江郡。但庐江郡南有长江之险，北面有淮水阻隔，是非常好的防守地势，难以攻取。刘勋又是一方霸主，实力雄厚，并不比孙策弱。

此时占据庐江的强人刘勋由于势力强大，地理环境优越，对于周围的土地也是虎视眈眈，企图吞并。孙策召集群臣，共商良策。周瑜认为，想要消灭刘勋这只猛虎，如果硬攻，取胜的机会很小，而且就算取胜也会损兵折将，元气大伤，最好的办法是调他离开这个地方，然后图取。孙策决定采取周瑜的意见行动。他深知刘勋志大才疏，嗜财如命，于是派人给刘勋送去一份厚礼，并在信中把刘勋大肆吹捧一番。信中说刘勋功名远播，令人仰慕，并强烈地表示要与刘勋交好。孙策还以弱者的身份向刘勋求救。他说，上缭常常派兵侵扰，我们力弱，无法远征，请求将军发兵降服上缭，刘勋对此得意万分。上缭地区原本就以殷实富裕著称，刘勋早就想到了，苦于无从下手，如今见孙策主动送礼求援，于是满口应承。

刘勋亲自率领几万兵马前去攻取上缭，城内空虚。孙策率军水陆并进杀向庐江城。庐江守军精锐都被刘勋调走，主将又不在，剩下的老弱之兵，无能之将不堪一击，短时间内占据了庐江。然后马不停蹄，指挥大军杀向刘勋。刘勋攻打上缭，一直不能取胜，又一连几天吃了败仗，士气低落。突然得报，孙策已取庐江，眼见庐江城丢失，他也无心恋战，走投无路，只得归降曹操。

诸葛亮巧施调虎离山

公元234年，诸葛亮率领34万兵士进攻魏国，分五路进军祁山。魏明帝曹睿接到消息后，命令司马懿为大都督，率领40万兵士前往渭水之滨迎战。诸葛亮与司马懿是沙场老对手了，双方对于兵法早已非常娴熟，足智多谋。战前彼此做了周密部署，严阵以待。诸葛亮在祁山选择有利地形，分设前、后、左、右、中5个大营，并从斜谷到剑阁一线接连驻扎了14个大营，分别屯驻军马，前后接应，以防不测。司马懿将大军屯驻于渭水之北，同时在水上架起9座浮桥，命令先锋夏侯霸、夏侯威领兵5万渡河前往渭水南岸扎营，又在大营后方的东原，筑城驻军，进可攻，退可守。

司马懿得到命令离开魏都时，曾受到曹睿的嘱咐："你到了前线，只管防守，不要与敌人交战。蜀兵得不到机会，一定会诈退诱敌，你千万别追。等到对方粮草用尽之后，一定会自动退回。"经过两次交战双方互有胜负，然后司马懿坚壁不出。由于蜀军劳师远来，粮草供应颇为困难，因而打算速战速决；而魏军一直坚守不出。因而诸葛亮的主要策略目标，就是要诱敌出战，调虎离山，速战速决。然而司马懿老谋深算，加上有魏明帝临行嘱咐，也不必担心那些急于求功的部将随意出战。

如此情况调动司马懿可谓费尽心机。诸葛亮深知，自己方面最根本的弱点是远离后方，粮草供应困难；同时他也深知司马懿正是看准了自己这一弱点。于是诸葛亮一边分兵屯田，与当地老百姓结合就地生产粮食。司马懿的长子司马师对司马懿说："现在蜀兵以屯田作持久战的打算，如此下去什么时候才能等到机会，现在何不约孔明大战一场，一决雌雄！"司马懿虽然口上说："我奉旨坚守，不可轻动。"其实他的内心比谁都着急。

诸葛亮在这时发明了一种木牛流马，长途运粮，据传这东西很好使，好像活物一样，翻山越岭皆可用，蜀营粮草由木牛流马源源不断地从剑阁运抵祁山大寨。

司马懿大惊，打算破坏蜀军的屯田与运量。诸葛亮也看出了司马懿的计划，于是进一步利用这一点引他上钩。诸葛亮一方面在大营外造木栅，营内掘深坑，堆干柴，在营外周围的山上虚搭窝铺草营造成蜀兵分散结营，与百姓共同屯田屯粮，得以造成大营空虚的假象，引诱魏军前来劫营；一方面在上方谷内两边的山坡上虚置许多屯粮草屋，里面设置伏兵，同时让军士驱动木牛流马，伪装往来谷口运粮。而诸葛亮自己则离开大营，带领一支军马在上方谷附近安营，以引诱司马懿亲领精兵来上方谷烧粮。

司马懿亲领魏兵去劫蜀兵祁山大营，却一反过去每战必让主攻部队走在前面的惯例，让手下的部将冲锋在前，直扑蜀营，自己带领援军接应。他这样做，一是担心蜀营有准备，怕中了埋伏；二是他指挥魏军劫蜀军大营本属佯攻，目的是调动蜀军各营主力，而他亲自带领精兵前去袭击上方谷，烧掉蜀方的粮草。

诸葛亮对这一切早有料想。因而当魏军直扑蜀军大营时，诸葛亮只是事先安排蜀军四处奔走呐喊，装作各路兵马都齐来援救的态势，诸葛亮趁机另派一支精兵去夺了渭水南岸的魏营，自己却在上方谷等待司马懿来"烧粮"。司马懿看到四处蜀军都急急忙忙奔回大营救援，便趁机率领司马师、司马昭及一支亲兵杀奔上方谷来。一时间，山谷两旁火箭齐发，地雷突起，草房里的干柴全都着火，烈焰冲天。

司马氏父子眼看将要葬身火海之时，幸亏突来一场倾盆大雨，才救了司马氏父子3人及少数亲兵的性命。

【三十六计】 第十六计　欲擒故纵

原文　逼则反兵，走则减势①。紧随勿迫，累其气力②，消其斗志，散而后擒，兵不血刃。需，有孚，光。

注释

①逼则反兵，走则减势：当我军将敌人逼到无路可走的境地，就会遭到反扑，让他们逃脱，就会削弱他们的士气。②累：消耗。

译文

当我军将敌人逼到无路可走的境地时，就会遭到他们的反扑，如果让他逃走，则会消耗敌人的士气。所以要紧紧跟踪敌人，但不要逼得太紧，这样消耗他们的体力，瓦解他们的斗志。等待敌人兵力分散后再进攻他们。这样就可以避免大规模地流血牺牲。《易经》的《需卦》上所说的突破危险又要善于等待，就是这个意思。

计谋应用

晏子治理东阿

春秋时期，齐景公派遣晏子前去东阿治理。3年后，有人向齐景公报告晏子在东阿没有尽心尽力治理。景公非常不开心，于是，召晏子入朝，打算罢了他的官。晏子恳切地说："臣已知错，请让臣再去治理3年。若到那时还有人对我有怨言，再罢我的官也不迟。"

齐景公稍稍思考了一下便答应了，又派他去前往东阿治理。又3年很快过去了，人们果然说了晏子不少好话。

齐景公非常高兴，将晏子召入朝，打算赏赐他，晏子拒绝了。景公问他为什么，晏子回答说：

"刚开始的3年我治理东阿，让人修筑道路，当地的出钱出力者当然责怪我。我力主节俭勤劳，对于犯罪的人责罚我，懒汉习民怨恨我。权贵横行乡里，仗势欺人，我惩治他们，他们嫉恨我。周围的人求我办事超越了为官的范围，我不答应，他们就反对我。于是这些人就到处责怪我。第二个3年，我一改之前的做法。我不让人修路，有钱有力气的人开心了。我轻视节俭勤劳，对于犯罪的人不加怪罪，懒汉习民高兴了。权贵为所欲为，我装作没看到，他们高兴了。周围的人求我办事，我不惜假公济私，他们对我称赞不已。于是，他们便到处说我的好，这也就传到了您的耳中。现在您要封赏我，我认为应该惩罚自己。这就是我不能接受您的封赏的原因。"

直到这时齐景公才恍然大悟，同时也了解到晏子是一名贤臣，就把治理国家的重任交给他。短短3年时间，晏子治理齐国，使齐国实力大增，跻身于强国之列。

刘荣打击倭寇

明朝时期，一些日本浪人经常组成团伙侵犯中国沿海地带，烧杀抢掠，使中国沿海百姓遭受了极大的损失。明朝军民对其称为"倭寇"！因为辽东半岛地理位置与日本相近，所以经常受到倭寇的抢掠。因此，明朝朝廷总是会派大将镇守这里。

明成祖永乐十七年，刘荣担任辽东半岛左都督。一次，他出巡查探辽东诸岛屿，详细观察了那里的地形。他认为金州卫的金线岛西北面的望海埚，地势最高，可瞭望附近的众多岛屿，又是倭寇侵略辽东半岛的必经之路，也是守卫滨海的咽喉要道。因此，刘荣奏请朝廷在山上构筑城堡，打算设置烽火台来监视海面。朝廷批准后，立即着手建造了堡垒，有军士长期驻扎于此。

一天，驻守在堡垒的将士报告："东南方向，夜间发现有火光。"刘荣估计将有敌寇入侵，立即派遣骑兵、步兵奔赴望海埚的小堡上警戒，准备迎击来敌；同时，命令犒赏将士，将战马喂好，从堡垒外面来看这里的军队是一副漫不经心的样子；此外，又派督指挥徐刚率兵埋伏在山下，还命令百户长姜隆率领一支精兵潜伏起来，准备去焚烧敌人的船只，以截断他们的退路。

　　第二天，天刚刚亮，果然有2000多名倭寇乘海船直抵望海埚下，登上岸后便鱼贯前行，好像进入无人之地。此时，刘荣披甲举旗，指挥将士们鸣炮，于是，伏兵全部奋起，如猛虎下山，一面大声呐喊，一面从左右进攻敌人，拼命砍杀。倭寇被杀得措手不及，如惊弓之鸟，一哄而散，瞬间一半人被砍倒。剩下的倭寇狼狈逃到一个空城堡里，明军又进行追击，将士们要进入空堡里剿杀全歼敌人，刘荣没有同意，而故意让他们逃跑，等到倭寇全部从空城堡里出来，刘荣又命令两翼部队夹击敌寇，倭寇再次逃散，最终逐一消灭。此一战，倭寇无一人逃脱，而明军几乎没有什么伤亡。

三十六计

【三十六计】 **第十七计　抛砖引玉**

 原文 类以诱之，击蒙也①。

 注释

①击蒙也：蒙指《易经·蒙》卦。有迷蒙、懵懂之意。

 译文

用类似的方法去迷惑敌人，使敌人在没有分辨的情况下上当。

215

计谋应用

战国时期，秦国和赵国订立盟约一同进攻魏国，秦国与赵国都是当时数一数二的大国，两个大国合兵进攻相对弱小的魏国，魏国根本无法抵抗。为此，魏王惊恐不安。国相芒卯很镇定地对魏王说："大王不必发愁，臣有一计，可以一试。"魏王问："爱卿有何妙计快快请讲。"芒卯说："请大王允许我派张倚对赵王说：'秦赵合兵进攻我们魏国，我们根本无法抵抗，邺这个地方看

样子是保不住了，如果现在大王与秦国绝交而连魏抗秦，魏王就把邺地献给大王。'赵王对邺城垂涎已久，一定会同意。等到他答应与秦国断绝关系后，来接受邺城的时候，臣就推说不知道这件事情，那时，秦赵的联盟已经断绝，赵王一定不敢独自前来与我们交战。同时，没有赵国的支持，秦国更不会远道而来攻击我们，我们也许就可以转危为安。"魏王听了非常赞同，便让芒卯前去着手办理。

张倚到达赵国，告诉赵王将邺地献于他，他非常高兴地找来相国说："魏王要将邺地献给我们，然后希望我们不与秦国结盟，而是和魏国联合抗秦，你意思如何呢？"相国说："我们如果与秦国联合攻打魏国，得到的好处也不过就是邺地，秦王不会给我们更大的好处，现在我们不用兵就可以得到邺地，如此的好事儿为何不答应呢？请大王还是速速地答应魏国的请求吧！"赵王便答应了魏国，这时使者张倚对赵王说："我们已经将负责交割城池给贵国的人，安排在邺地等候了，大王应该也要有所表示才是啊！"于是赵王下令关闭赵国通往秦国的所有关口，秦赵的关系恶化，秦赵联盟彻底瓦解了。

随后，赵王派人去接受邺城。芒卯到达邺城对赵国的使者说："邺城是我国重点保护的城池，又怎么会将邺城献给赵国呢？张倚说献城，我根本不知道这件事，我们是不会将邺城献给赵国的。"

无论赵国使者如何解释，芒卯依旧不开城门，赵国的使者只得回去报告赵王。赵王明白了自己中了魏国的计谋，又害怕魏国乘机攻打赵国，或者是秦国来攻打赵国，也不敢强逼魏国献邺城，反而立即割让5座城池给魏国，请求魏国一同进攻秦国。

孙万荣抛砖引玉

公元690年，契丹将营州攻占。武则天派遣曹仁师、张玄遇、李多祚、麻仁节四员大将西征，想夺回营州。契丹先锋孙万荣熟读兵书，颇有计谋。他知道唐朝军队声势浩大，正面交锋非常不利于契丹军队。他首先在营州制造缺粮的舆论，并放松对被俘唐军的看管，任其逃跑，唐军统帅曹仁师见一路上逃回的唐兵面黄肌瘦，从回来的俘虏那里得知营州严重缺粮，营州城内契丹将士军心大乱。曹仁师心中大喜，认为现在的契丹军不堪一击，攻占营州指日可待。唐军先头部队张玄遇和麻仁节部，想要夺取头功，便带领军队朝营州火速前进，一路上，还见到从营州逃出的契丹老弱士卒，他们自称营州严重缺粮，驻守的契丹士兵纷纷逃跑，并表示愿意归降唐军。张、麻二将更加相信营州缺粮、契丹军心不稳的说辞。他们率领部队日夜兼程，赶到西峡石谷，这里的道路狭窄，两边为悬崖绝壁。这里正是最好的埋伏之地。可是，张、麻二人误以为契丹士卒早已饿得不堪一击了，加之他们夺功心切，因此根本不做任何防备，下令部队继续前进。唐军络绎不绝，进入谷中，艰难行进。黄昏时分，只听一声炮响，绝壁之上，箭如雨下，唐军人马相互践踏，死伤无数。孙万荣亲自率领人马从四面八方进攻唐军。唐军进退不得，前有伏兵，后有骑兵截杀，不战自乱。张、麻二人被契丹军生擒。孙万荣缴了他们的将印，立即写信报告曹仁师，谎报营州已经被攻克，要曹仁师迅速到营州处理契丹头人。曹仁师也一直对契丹军轻视，接信后，深信不疑，马上率部奔往营州。大部队急速前进，在准备穿过峡谷时，遭到契丹伏兵围追堵截，最终全军覆没。

【三十六计】 第十八计　擒贼擒王

 原文　摧其坚，夺其魁[1]，以解其体。龙战于野，其道穷也。

 注释

①魁：首领。

 译文

在与敌人主力相对时，抓获其首领，便可瓦解其全军。如同群龙无首，战于郊野，必然陷于穷途末路。

计谋应用

张巡斩其首领，以乱军心

唐朝中后期，节度使安禄山举兵反唐。叛军士气非常旺盛，潼关失守，玄宗无奈只得从都城往西奔巴蜀避难。此时，张巡带领军队讨伐贼寇，在宁陵、雍丘屡破敌军，后来雍丘县令令狐潮反叛投敌，与叛军一起围攻县城。张巡坚持了60多个昼夜，最终被攻克，张巡率领众人赶往睢阳，与太守许远会合共同抗敌。

至德二年，安禄山手下的一员大将尹子奇率领13万大军兵临城下，将睢阳城围困。睢阳太守许远知道张巡善于用兵，就请张巡指挥守城。叛将尹子奇带了13万人攻城，张巡与许远合兵才6000多人，双方兵力相差很大。张巡带兵坚守，与叛军激战16天，俘获敌将60多人，歼灭敌军两万多人，使尹子奇不得不退兵。

两个月后，尹子奇的兵力得到了增援，再次率军来到睢阳，又把睢阳城紧紧围住，想尽各种办法进攻，发誓一定要攻下睢阳。此时，虽然张巡一连打了几次胜仗，但是叛军兵力远胜于自己，而且不停地攻击，形势越来越紧急。

太守许远召集诸将商议对策。他说："现在城中的粮草和弓箭已经不多，只有快些将叛军杀退，才能解睢阳之围。可是，敌人的兵力远超我们几十倍，即使不战，我们也会在此地被困死！"

张巡对许远说："擒贼先擒王，我们只要能设法杀死尹子奇，叛军群龙无首，自然会撤去。"大将南霁云善于射箭，在战场上射敌，百发百中。同时又有个问题出现了，尹子奇这个人非常狡猾，平时上阵，总会有几名将领伴随着，他们穿着一色的战袍，骑着同样的战马，唐军根本无法辨认。

张巡思考良久，终于想出一个办法。这天夜间，天色昏暗，星月无光。城外的叛军在营地中刚刚准备休息，忽然听到城头战鼓隆隆，喊声震天，尹子奇连忙带领部队准备与冲出城来的唐军激战。而张巡只擂鼓，不出战。到了凌晨，鼓声停止了，也没见一将一卒出城叫战。尹子奇的哨兵在搭起的飞楼上察看城中的动静，城楼上没有任何人。尹子奇听到汇报后，就命令军士们脱下战服休息。尹子奇的部队被折腾了一整夜，此时将士们早已疲乏至极，眼睛都快睁不开了，倒在地上就呼呼大睡。

就在这时，张巡与南霁云等十几个将领，每人带领50名骑兵，打开各城门杀出来，分路猛冲敌营。没有任何防备的叛军，营中顿时大乱，许多士兵在混乱之中被杀死。

尹子奇和几个部将慌忙带领主帅营附近军营中的一些士兵与张巡、南霁云等厮杀起来。南霁云拉开弓箭寻找尹子奇。旁边的张巡已经指挥其他将士射出一支支"箭"，这些箭都是用青蒿杆削尖后做成的，轻飘飘的，射不远，就算射到身上也伤不到身体，只有射中脸部才有些作用。

尹子奇的一名部下发现对方射来的箭没什么杀伤力，捡起来一看原来是"青蒿箭"，忙跑到尹子奇跟前报告这一重要情况。尹子奇心想：原来睢阳城里早已没有箭了。正在他高兴之时，神箭手南霁云已判断出谁是尹子奇了，弯弓搭上真正的利箭，射中尹子奇左眼，只见尹子奇鲜血淋漓，仓皇逃命。

敌军一片混乱，大败而逃。

刘秀擒王

公元23年2月，新市、平林、下江数支农民起义军与刘秀领导的反对新莽政权的部队会师，一同进攻王莽军据守的重镇宛城，兵力有10余万人。为了统一领导这些义军，各部首领商议共立汉室后裔刘玄为帝，恢复汉制，号为更始，于是声威大震。为了让主力军夺取宛城，更始帝刘玄派王凤、王常、刘秀等率军2万攻下宛城东北的昆阳、定陵、郾县等地。刘秀乘胜率领数千军士北抵阳光，威胁新莽的东都洛阳。王莽听到报告后大惊，急令心腹大司徒王寻、大司空王邑召集各郡国兵马42万，授权王寻、王邑便宜行事，得专封赏，打算将中原各路义军全部歼灭，摧毁更始政权。5月，新莽军到达颍川。由于新莽军的势力太大，刘秀被迫撤军昆阳。新莽军便将昆阳包围。当时昆阳汉军不足万人，粮草也只能支持十几天，形势十分危急。当时王凤、王常见大军压境，恐慌至极。刘秀建议一面固守，一面派人赶赴定陵、郾城调集汉军来此增援。当时，王凤、

王常等人谁也不敢冒险出城。刘秀便自告奋勇，选精骑10人，加上愿与刘秀同往的2名将领，共13人，趁夜色掩护潜出南门，直奔定陵、郾县。新莽军统帅王寻、王邑看着自己军队势力大，下令强攻；将昆阳围了数十层，列营数百，并造楼车，高10余丈，可以俯瞰城内，用强弩射杀城内守军。又造冲车，以巨木撞击城门、城墙。又掘地道攻城，给汉军造成极大威胁。6月，刘秀率领1万军队回救昆阳，初战斩敌1000余。又假造汉军已攻下宛城的消息，以动摇新莽军心。但王寻、王邑感觉自己有如此多的军队，根本不害怕，对于刘秀来援的汉军根本不放在眼里。只派出一少部分兵力抵抗来援的汉军，一面继续加强攻城。刘秀渴望快点解除昆阳之围，决定以擒贼先擒王的战法解除此次围困。于是，他亲自率领3000精兵，从城西水道，直接冲击主帅王寻、王邑的中营。王寻、王邑亲自率领中营万人迎战，却抵不住刘秀3000敢死兵的猛烈冲击，不一会儿便乱了阵脚。刘秀乘势率领尖兵直取王寻，将王寻斩于马下。王邑乘乱逃走。城中汉军见状组织力量突击出来。新莽40余万大军一时失了主帅，全线溃散。加上当时恰遇洪水暴涨，敌军在溃逃中淹死者无数。王邑只收拾残部数千人逃回洛阳。新莽军主力受到严重的打击，宛城守军随即投降。

第四套　混战计

混战计包括釜底抽薪、浑水摸鱼、金蝉脱壳、关门捉贼、远交近攻、假道伐虢。

混战计是在战争失去其固有规则的情况下而寻求规则的策略。在混乱之中保持清醒的认识，寻找最可以取胜的途径，创造尽可能好的条件打击敌人。这也是充分发挥自身智慧的表现。

【三十六计】第十九计　釜底抽薪

 原文　不敌其力，而消其势①，兑下乾上之象。

 注释

①消其势：瓦解敌方的气势。

 译文

如果交战双方兵力对比差异较大，短时间内我军在力量上无法战胜敌人，就可以瓦解他们的气势。这就是《易经·履》卦上所说的以柔克刚的办法。

227

计谋应用

黎弥阻孔子从政

春秋时期，鲁国重用孔子，国泰民安，百姓生活渐渐得到提高。为此刚刚失去贤相晏婴的齐景公感到了威胁，便对大夫黎弥说："自从孔子在鲁国担任丞相以来，鲁国日益强大，将来他的霸业一成，我们国家一定会受到他们的打击，这可如何是好？"

黎弥沉思了一会儿说："用些计谋将孔子逼走，鲁国必然会像以前一样弱小。"

齐景公问："此时孔子在鲁国正如日中天，如何才能将他逼走？"

黎弥说："饱暖思淫欲，贫穷起盗心。现在鲁国一片太平，鲁定公一定有好色的念想。选一群美女送给他，让他夜夜笙歌，孔子就不会再忠心辅佐他，他们的君臣关系也不会像以前一样亲密了。如此，孔子一定会被气走。"

　　齐景公赞叹地说："果真是妙计啊！"于是命令黎弥挑选80名美女，传歌舞，授媚容，另选120匹宝马，经过修饰后一同送给鲁国。

　　鲁国的另一位丞相季斯知道后，连忙换便服，坐车到南门去看，见齐国美女正在表演舞蹈，他不禁赞叹："真是光华夺目。"

　　季斯对鲁定公说："这是齐王的好意，我们不可推辞啊！"

　　鲁定公收下了这群宛若芍药的美女，便叫季斯多谢齐王，重赏齐使。从此鲁定公沉迷酒色，不理朝政。

　　孔子见状，忧心万分。几次劝谏没有任何结果。于是，孔子辞官带领弟子周游列国。

周亚夫平七国之乱

　　公元前154年，吴王刘濞召集楚、赵、胶东、胶西、济南、淄川等7个诸侯王国，发动叛乱。正月，吴王刘濞、楚王刘戊联兵向西进攻。最初他们

攻打忠于汉朝廷的梁国，包围了梁都睢阳，重创梁军，并于崤函间设下伏兵，阻止汉军东出，形势危急。景帝命令周亚夫为太尉，率兵30万前去平息叛乱。周亚夫率军行到灞上，采纳赵涉建议，改变行军路线，避开崤函间吴楚伏兵，绕道武关进军洛阳，然后分兵回头从后侧袭击吴楚联军设于淆函间的伏兵。继而移军荥阳，再从荥阳出发，从北侧越过正被吴楚重兵围困的睢阳，将敌军后方重镇昌邑攻占。之后，又出奇兵长途奔袭淮泗口，切断吴楚联军的粮道。梁王因为睢阳吃紧，多次向周亚夫求援，周亚夫却始终屯军昌邑不出；梁王派人告诉景帝，景帝遣人转告周亚夫，周亚夫仍旧不发兵。此时，数十万吴楚联军因为长时间攻不下睢阳，而且粮道被断，又不得西过，处境被动，士气大大削弱；不得已，转而进攻昌邑，打算与汉军主力决战。然而周亚夫却仍然坚守不出。吴楚军采用声东击西计对昌邑城实施强攻，又被汉军在城西北角打得大败。渐渐吴楚联军的粮草已断，士兵饥饿而疲劳，气衰志颓，被迫退兵。周亚夫率领精兵乘机追击，大破叛军。楚王刘戊自杀，吴王刘濞仅收得残兵数千乘夜逃脱，后来逃到东越被诛。周亚夫仅仅用了不到3个月的时间，没经过大的强攻苦战，以很小的代价，便平定了声势浩大的吴楚七国之乱。

【三十六计】 **第二十计　浑水摸鱼**

原文　乘其阴乱，利其弱而无主①。随，以向晦入宴息。

注释

①乘其阴乱：趁敌人内部发生混乱。

译文

当敌人内部非常混乱，利用他弱小而没有主见的机会，设法使敌人顺从自己。这样我军便可以在乱中取利。

231

张守珪平定契丹反叛

公元712年，地处于唐朝北方的契丹族发生叛乱，多次侵犯唐王朝边境。公元733年，唐玄宗派遣张守珪为河北节度副使，驻扎于幽州。契丹大将可突汗数次攻幽州，都没能得手。可突汗想探听唐军虚实，便派遣使者到幽州，假装表示重新归顺唐王朝之意。张守珪感觉此时的契丹士气正旺，如此主动求和，必定有诈。于是将计就计，善待来使，随后派王悔代表朝廷到可突汗营中宣抚，以探听契丹内幕。王悔也受到了契丹人热情的接待。在酒宴中，王悔仔细观察契丹众头领的一举一动。他发现，在对待唐朝廷的态度上，众位将领表现得并不一致。后来王悔从契丹士兵口中得知，分掌兵权的李过折一直与可突汗貌合神离，互不服气。王悔前去拜访李过折。言谈中，王悔假装不了解李过折与可突汗之间有矛盾，当着李过折，故意大加夸奖可突汗的才干。李过折听到后气愤不已地说："天底下最傻的人就在我的面前，你知道吗？可突汗蓄谋反唐，契丹这次求和全系假意，可突汗已向突厥借兵，不久便要攻打幽州。"

此时王悔便向李过折分析形势，指出此时唐王朝国力富强，兵力强大，可突汗反唐，最终一定会失败。并劝李过折脱离可突汗，归顺唐王朝，建功立业，一定会得到朝廷重用。李过折表示愿意归顺朝廷。王悔回到幽州不久，李过折趁夜率本部兵马，突袭可突汗中军大帐。可突汗毫无防备，被斩于营中。可突汗部将涅礼率部与李过折激战，又将李过折杀死。张守珪闻报，立即亲自率领大军突入契丹营，接应李过折的部队，并趁契丹军混乱之机，发动猛攻，大破契丹军，生擒涅礼，契丹叛乱遂告平息。

诸葛亮浑水之中取南郡

　　赤壁大战，曹操损失惨重。为了防止孙权北进，曹操派大将曹仁驻守南郡。这时，孙权、刘备都渴望得到南郡。周瑜因赤壁战捷，士气正盛，下令进兵，攻取南郡。刘备也将自己的军队调往油江口驻扎，紧紧守住南郡。周瑜说："为了南郡，我东吴花费再大的代价也值得。刘备就别妄想得到南郡了！"刘备为了稳住周瑜，先派人前往周瑜营中祝贺。周瑜心想，我一定要见见刘备，看他有什么打算。第二天，周瑜亲自前往刘备营中回谢。刘备设宴招待，在酒席之中，周瑜直接问刘备驻扎油江口，是不是想要南郡？刘备说：听说都督要攻打南郡，特来相助。如果都督不取，那我就去占领。周瑜大笑，说此时南郡正如吊在口边的肥肉，如何不取？刘备说：都督不可轻敌，曹仁勇猛异常，南郡是否能攻下，现在还是个未知数。周瑜一贯骄傲自负，听刘备这么一说，很不高兴，他脱口而出："如若我攻不下南郡，就听任豫州去取。"刘备盼的就是这句话，马上说："今日子敬、孔明都在场作证。我就先让你来取南郡，如果取不下，我就去取。你可千万不能反悔啊。"周瑜一笑，根本不把刘备的话放在心上。周瑜走后，诸葛亮建议按兵不动，让周瑜先去与曹兵厮杀。

　　周瑜发兵，首先攻下彝陵。然后进军直逼南郡，却中了曹仁诱敌之计，自己中箭而返。曹仁见周瑜中了毒箭受伤，每天派人前往周瑜营前叫战。周瑜只是坚守营门，不肯出战。一天，曹仁亲自率领大军，前来挑战。周瑜带领数百骑兵冲出与曹军大战。刚交锋不久，就听到周瑜大叫一声，口吐鲜血，坠于马下，众将领将他救回营中，原来这是周瑜定下的欺骗敌人的计谋，一时间到处传言周瑜中箭身亡。周瑜营中奏起哀乐，士兵们都戴了孝，曹仁听到这个消息，高兴之至，决定趁周瑜刚死，东吴没有准备的时机前去劫营，将周瑜的首级割下，到曹操那里去领赏。

　　当天晚上，曹仁亲自率领大军前去劫营，城中只留下陈矫带少数士兵护城。曹仁大军趁着黑夜，直接进入周瑜大营，进入大营发现空无一人。曹仁才发现自己中计了，连忙退兵，但是已经来不及了。只听一声炮响，周瑜率兵从

四面八方杀出。曹仁率领亲信从包围中冲出，退返南郡，又遇东吴伏兵阻截，只得往北逃去。

　　周瑜将曹仁打得大败，立即率兵直奔南郡。周瑜赶到南郡，发现南郡城头布满旌旗。原来赵云已奉诸葛亮之命，趁周瑜、曹仁激战之时，轻而易举地攻取了南郡。诸葛亮利用搜得的兵符，又连夜派人冒充曹仁救援，轻易取得了荆州、襄阳。

【三十六计】 第二十一计　金蝉脱壳

 原文　存其形，完其势①；友不疑，敌不动②。巽而止蛊。

 注释

①形：原有的战阵形貌。②敌不动：稳住敌人。

 译文

保存原有的战阵形貌，依据过去的战斗态势，使各方不会产生怀疑，敌人就不敢轻易进犯。我军可暗中转移主力，从而隐蔽地击破敌人。

计谋应用

司马绍转移追兵注意

东晋建国后，王导在朝廷中执政，王敦在外掌兵，势力非常大，当时皇帝为司马睿，所以当时流传着"王与（司）马，共天下"的说法。

东晋明帝时，大将军王敦终于按捺不住，开始起兵造反，顺江东下，进攻建康，图谋篡夺君位。司马绍知道这个消息后，为了消灭叛军，司马绍亲自率领大军迎敌。两军相遇在鄱阳湖畔，扎下营寨。司马绍非常勇猛，当时安营扎寨后，他换了一身便装，策马到王敦大营来观看虚实。守营将士见到一名气宇轩昂之士在营外转悠，觉得不太寻常，连忙报告主帅王敦。王敦听军士们描述了一番长相，认为这个人就是明帝司马绍，连忙令人备马前去捉拿。王敦看见5名军士正在骑马巡营，命令他们先出去拦截追击那营外之人。

司马绍正查看敌营情况，发现营门大开，5名军士策马向自己扑来，知道已经暴露，慌忙打马往回奔。5名军士紧追不舍。

　　跑着跑着，来到一柳林边，有一位老婆婆在茶馆前卖水，茶馆前有几条岔路。司马绍连忙将手中的马鞭扔在了老婆婆面前，然后拐到林子后跑了。老婆婆看到一条马鞭遗落在地上，这马鞭子非同寻常，上面嵌满了宝石、金银、翡翠。正在细细看时，追赶的5名军士冲到老婆婆面前，发现不见了目标，下马询问。却看到老婆婆在看一条名贵的马鞭，便一把夺过观看起来。这些士兵哪里见过如此华丽的马鞭，争相观看，早将追人的事儿抛到了脑后。

杨巴自我保全

　　清末年间，李鸿章出巡天津，当地知府大人为了巴结讨好他，特意让仆人杨巴为李鸿章献上茶汤。杨巴恭敬地将茶汤捧到李鸿章面前的桌上，然后退回，静静地立在一边，准备接受李中堂的恩赏。

　　就在李鸿章打算品尝这津门名品的瞬间，目光落在碗中，脸色忽然大变，"啪"地一声将一碗茶汤摔在地上。在场的官员吓得要命，谁也不知道中堂大人为什么忽然发怒？可杨巴心里明白：李中堂没有喝过这样的茶汤，当然不知浮在汤面的是碎芝麻，以为是掉进的脏东西。否则，何必大发其火呢。

　　杨巴知道，但是他此时不知道如何解答。如果杨巴说那是芝麻，不是脏东西，让别的官员知道中堂大人没见识，这样只会让中堂大人更为发怒。如果不加解释，那就等于默认是要给中堂大人难看，怎么办？

　　杨巴急中生智，一边高声叫道："中堂大人请息怒，小人不知道中堂大人不爱吃压碎的芝麻粒，惹得中堂大人大怒。请大人不记小人过，饶了小人这一次，以后一定会多加注意。"

　　李鸿章这才如梦初醒，回想了一下，感觉自己刚才甚为鲁莽，幸亏杨巴为自己保全了面子。不觉心中大喜，说："不知者不为罪。虽然我不喜欢吃碎芝麻，但你煲茶汤的手艺炉火纯青，名满津门，来人呀，赏银100两！"

【三十六计】 **第二十二计 关门捉贼**

 原文 小敌困之^①，剥，不利有攸往。

 注释

①小敌困之：对于弱小或数量较少的敌人，要设法包围。

 译文

对待弱小或数量较少的敌人要想办法包围，然后歼灭，而不要急追或远袭。

计谋应用

开门诱敌，关门捉贼

1328年，秃满迭尔与忽剌台、阿剌铁木尔协商后，决定秃满迭尔本人亲自率领一军袭击古北口，忽剌台、阿剌铁木尔等人联兵袭击紫荆关，让燕帖木尔顾首顾不到尾。谁也没有料到，燕帖木尔先是在古北口打败秃满迭儿，之后又挥兵紫荆关。

当时紫荆关守将脱脱木尔兵力不足万人，忽剌台率兵三四万逼近。脱脱木尔决定采取闭关自守的办法，而不轻易出动迎战。大败秃满迭尔的燕帖木尔到达紫荆关后，心生一计，对脱脱木尔说："我刚刚从远方增援而来，敌人还不知道，现在你只管开门迎战，诱敌入关，我在关内设伏，关门打狗，定叫他有来无回！"

于是，脱脱木尔亲自率领4000人马出关。忽剌台发现来兵只有数千人，生轻敌之心，当下分兵将脱脱木尔包围起来，使其无法脱身。

燕帖木尔连忙让士兵故意鸣金收兵，催促脱脱木尔退回，并让官吏将城门关门虚掩。阿剌铁木尔见状呼喊："此时不快快抢关，更待何时？"立即闯入关中。

　　忽剌台怕阿剌铁木尔抢了头功，也随着一同闯入关中。等忽剌台和阿剌铁木尔都闯入关中，只见守卒四处奔走，各自逃命，两将领更不做防备。

　　突然，伏兵四起，忽剌台才知道自己上当了，但兵士已经全部进城；没有了退路，等到好不容易冲到关门，关门早已紧闭。忽剌台、阿剌铁木尔腹背受敌，最终成为了燕帖木尔手下的俘虏。

【三十六计】 第二十三计　远交近攻

原文 形禁势格①，利从近取，害以远隔②，上火下泽。

注释

①形禁势格：受到地势的限制和阻碍。②利从近取，害以远隔：先进攻近处的敌人就有利，反之越过近敌去攻取远敌就有害。

译文

受到地形限制阻碍的时候，要懂得：先进攻近处的敌人就会有利；而舍近取远就有害处。运用《易经·睽》卦"上火下泽"相违的道理，采用远交近攻的做法，便能利用敌人的矛盾，将其各个击破。

计谋应用

英国对神圣同盟的打击

19世纪20年代，坎宁为著名的英国外交大臣,他曾用"交远制近"的方式,恢复了英国在欧洲外交事务中的领导地位。

拿破仑政权瓦解后，以沙皇俄国为首的欧洲各国结成神圣同盟，打算以这种方式长期联合霸占欧洲。资产阶级的英国受到排挤和孤立。

1822年，坎宁接替了外交大臣的职务。他决心打破神圣同盟的大一统局面，恢复英国在欧洲的领导作用。

18世纪末至19世纪初，拉丁美洲国家掀起了反对宗主国殖民统治的独立运动。坎宁抓住这个机会，采取果断行动，决心远交拉丁美洲和美国，对近处欧洲大陆的神圣同盟攻击。

1823年，神圣同盟决定让法国派兵镇压拉美的独立运动，坎宁对此坚决反对。他声明既然承认拉丁美洲国家的现实，也就应当承认他们的独立，反对任何武装干涉或把这些殖民地转入法国之手的企图。坎宁还向美国发出呼吁，希望两国联合发表声明，制止这些同盟国家干涉其他国家的独立行为。与此同时，坎宁又派出舰艇巡弋于大西洋，凡是有欧洲开往美洲的船只，没有经过英国的同意，就不许他们通过。

1824年，由于武装干涉受到阻拦，神圣同盟的核心人物梅特涅决定就拉丁美洲问题召开全欧会议。坎宁表示英国绝对不会参加这次会议，也不承认会议上通过的任何决议。不仅如此，他还建议内阁尽快同拉丁美洲独立国家建立外交关系，进行贸易谈判，尽快打入那里的市场。

1825年1月，英国承认了阿根廷、哥伦比亚、墨西哥等国家的独立，同时与这些国家建立了外交、贸易关系。坎宁的政策给了梅特涅及其神圣同盟的声誉以沉重打击，给欧洲大陆的自由主义势力以鼓舞，使英国重新恢复了在欧洲的威望，也赢得了拉美新独立国家对英国的好感。

冯亭联赵抗秦

公元前262年，秦昭王派遣大将白起攻打韩国，占领了野王城。野王城，地处于太行山南端，濒少水，临黄河，是从韩国的上党郡南渡黄河，进入韩国都城郑地的通道。在大将白起的带领下，秦军很快占领了野王，将韩国拦腰切为两段，党郡向秦军求和。

　　当时身为上党郡太守的冯亭发现南入国都的道路被截断，失去了与国都的联系；同时，守地孤悬，既无援兵，又无军粮，无法坚持下去，又不愿意如此将城池拱手让给秦国，便采取了"拉赵抗秦"的策略。

　　冯亭认为，韩国的土地有限而秦国贪得无厌，上党郡根本无法满足秦国吞食韩国的欲望，这样只会更加调动秦国继续侵略的野心。因此，与其以上党郡归秦，不如将这里送给赵国，赵国如果接受，秦国一定会愤怒，然后进攻赵国。赵国也一定会前来与韩国结盟。韩、赵为一，便可以阻击秦国。

　　于是，冯亭首先遣使入赵，把上党郡所属的17个邑全部送给赵国；其次，冯亭进入赵国后，便叩首称臣，被赵孝成王封为华阳君。公元前261年，秦王派遣左庶长收取上党郡时，便遭到了赵国的坚决抵抗。赵将廉颇不仅利用了山险，而且利用了韩国坚决抗秦的民心士气，军储充裕，城防坚固，秦军无法攻破。

　　最终促成了韩、赵统一抗秦战线的建立。

【三十六计】**第二十四计　假道伐虢**

 原文　两大之间，敌胁以从①，我假以势②。困，有言不信。

 注释

①敌胁以从：敌方胁迫它屈从。②我假以势：我方假装援助它。

 译文

　　处于敌我两个大国中间的小国，当敌方逼迫它屈服的时候，我方要立刻出兵，显示威力，给予援救，如此定会取得小国信任的。这是从困卦卦辞"困，有言不信"一语中悟出的道理。

计谋应用

假道灭蔡

东周时期，各诸侯国都趁机扩张。楚国在楚文王的统治下势力日益强大，汉江以东小国，纷纷向楚国称臣纳贡。当时有个叫蔡国的小国，依仗与齐国联姻，认为有个靠山，就不再向楚国俯首称臣。楚文王对于蔡国十分痛恨，一直在寻找灭蔡国的时机。

蔡国与邻近的小国息国之间的关系很好。蔡侯、息侯两人娶的是陈国女人，两国经常互相帮助。但是，有一次息侯的夫人从蔡国经过，蔡侯没有以上宾之礼款待，气得息侯夫人大骂蔡侯。从此息侯对蔡侯有一肚子怨气。

楚文王知道这个消息后，非常高兴，认为消灭蔡国的时机来了，派人与息侯联系。息侯也想借刀杀人，于是向楚文王献计：让楚国假意征讨息，他

就向蔡侯求救，蔡侯肯定会发兵救息。如此，楚、息合兵，蔡国一定会败。
楚文王听后，更加高兴。于是他立即调兵，假意攻息。蔡侯得到息国求援的
请求，马上发兵赶来救息。可是蔡国军队来到息国城下，息侯竟紧闭城门，
蔡侯打算退兵时，楚军已经从息国借道，把蔡侯围困起来，最终将蔡侯俘虏了。

　　蔡侯被抓之后对息侯十分痛恨，便对楚文王说："息侯的夫人息妫是天
下最美的女人。"蔡侯想用这话刺激好色的楚文王。楚文王击败蔡国之后，
以巡视为名，率兵来到息国都城。息侯亲自迎接，设盛宴为楚王庆功。宴会
上楚文王趁着酒兴说："我帮你击败了蔡国，你为何不让夫人敬我一杯酒呀？"
息侯只得让夫人息妫出来向楚文王敬酒。楚文王一见息妫，果然美如仙女决
定一定要据为己有。第二天，楚文王举行答谢宴会，宴会上布置了伏兵，席
间将息侯绑架，轻而易举地灭了息国。

第五套　并战计

并战计包括偷梁换柱、指桑骂槐、假痴不癫、上屋抽梯、树上开花、反客为主。

并战计是指敌我双方势均力敌，军备相当，相持不下的一种战场形势。对其中任何一方都不存在速战速决的可能性，也不可能有浑水摸鱼、乱中取胜的机会，在这种形势之下，就得妙思攻守之计。且以防范为主，免被他人兼并，足以自固。

【三十六计】第二十五计　偷梁换柱

 原文 频更其阵①，抽其劲旅，待其自败，而后乘之。曳其轮也。

 注释

①频：频繁，多次。

 译文

频繁地使敌人的阵容变更，把他们的精锐部队调开，等到他们自行败阵，然后乘机进攻。好比拉住了车轮，车子就不能运行了。

计谋应用

陈平计除韩信

　　秦朝末年，楚汉之争，刘邦获得了最终的胜利，从此建立了汉朝。这时，很多被封的异姓王拥兵自重，他们都是汉朝的潜在威胁。刘邦日夜都在考虑如何对付这些对汉朝潜在的异姓王。异姓诸王中，昔日为汉朝立下汗马功劳的韩信势力最大。最终刘邦以韩信袒护一名叛将为由，将韩信从楚王贬到淮阴侯，调到京城居住，其实是将韩信放在自己的身边时常监视着。韩信劳苦功高无人能及，对于刘邦异常忠心。当年楚汉相争，战斗激烈之时，谋士蒯彻曾劝韩信与刘邦分手，使天下三分。韩信拒绝了蒯彻的建议，辅佐刘邦夺得天下。而今刘邦如此对他，心中异常苦恼怨恨。

　　公元前200年，刘邦派遣陈豨为相，带领军队前去征讨匈奴。韩信约见陈豨，以自己的遭遇为例，警告陈豨，虽然现在你拥有重兵，但并不一定能保你一生，刘邦不会一直信任你，不如趁机，带兵反汉，韩信表示他会在京

城里接应陈豨。两个人秘密地商量好，决定伺机起事。

　　公元前197年，陈豨在代郡反叛汉朝，自立为代王。刘邦亲自率兵前去讨伐陈豨。韩信与陈豨约定，起事后他在京城诈称奉刘邦密诏，袭击吕后以及太子，两面夹击刘邦。

　　可是，韩信的计谋被吕后得知。吕后与丞相陈平设计对付韩信。

　　吕后派人在京城散布：陈豨已死，皇上得胜，马上就会凯旋。韩信听到这个消息后，又没看到陈豨派人来联系，心中非常恐慌。一天，丞相陈平亲自到韩信家中，对韩信说，陈豨已死，叛乱已定，皇上已班师回朝，文武百官都要前往庆贺，请韩信立即进宫。韩信原本就有些心虚，只好和陈平一同进宫。结果被吕后逮捕，囚禁起来，在半夜时分将韩信杀死。而陈豨叛乱，是在韩信死了两年之后才平定的。

【三十六计】 第二十六计　指桑骂槐

原文　大凌小者，警以诱之^①。刚中而应，行险而顺^②。

注释

①警以诱之：用警戒的办法去诱导他。

译文

　　以强大的势力去控制弱小者，需要用警戒的方法去进行诱导。这就像师卦所说的：适当地运用刚猛阴毒的办法，可以赢得大家的归顺，获得成功。

②刚中而应，行险而顺：语出《易经·师卦》。

穰苴军前斩庄贾

公元前527年，齐景公拜穰苴为大将，命令他亲率大军前去抵御晋国和燕国的进犯。穰苴向景公奏道：臣出身微寒，您一下将我提为大将，恐怕大家都会对我不服从，请求派一位您最亲近的大臣作监军，如此震慑人心，令出必行！齐景公接受了穰苴的请求，派大夫庄贾作监军，命令他与穰苴一同领兵抵御其他国家的进犯。庄贾接到景公的授命后便问穰苴什么时候出兵？穰苴回答说：兵贵神速，明日午时出兵吧！到时候我会在军门恭候，务请准时到达，不要误了行期啊！说罢两人便分手了。

到了第二天午前，穰苴早早地来到军中，命令士卒立木为表，观察日影，同时派人前去通知庄贾迅速前来军中报到。可庄贾却依仗自己一直受到景公宠爱，而傲气十足，加上自己也担任监军，职位与穰苴相当，以此他认为一些事情可以自由作主，便全然不把穰苴的军令放在心上，不管穰苴如何派人催促，他都只顾在亲友家喝饯行酒，一直到日影西斜，还没有前往军中报到。

穰苴一直没有等到庄贾，他命令士兵将木表放倒，自己一人登坛誓师，严厉申明各项军纪号令。将要夕阳西下时，这才看到庄贾带领一班人，坐着高车大马，缓缓到来；进了军门，左右簇拥着他走上将台。穰苴将这一切看得真切，他神情极为严肃地端坐在将台之上，一动也不动。

当庄贾缓缓走到将台之上，漫不经心地坐下之后，穰苴先是大声问道："监军为什么迟到？"庄贾满不在乎地回答道："此次远行征讨进犯敌人，亲戚朋友摆酒饯行，所以晚来了一会儿！"穰苴见他话中根本没认识到自己的错误，便厉声责问道："你作为监军，也是三军之将，应该知道在受命的那天，就该忘记自己的家人。在军中执行军纪号令，就应该忘记自己的亲人，在前线冲锋陷阵，就应该忘记自己。今日敌国前来进犯，国主寝食不安，将大军托付与你我二人，期望我们退敌，你却有闲心与家人饮酒作乐。"庄贾听了穰苴的责备，感觉是小题大做，便笑着说："好在我还没有耽误行期，元帅何必如此认真？"穰苴听了庄贾的话，更加愤怒地斥责道："你依仗国主宠爱，胆敢怠慢军心，如果临阵作战，那么定会耽误大事！"穰苴回头大声问军政司："按军法，整军誓师，迟到者该当何罪？"军政司回答："依军法，当斩首！"

庄贾此时才发现大事不好，连忙走下台想要逃走。穰苴大喝一声，命令军士将庄贾拿下，立即推出辕门斩首示众。庄贾早已吓得魂不附体，哀叫求饶。

庄贾的从人慌忙跑进宫向景公求救。

景公听说自己的宠臣将要被斩，大吃一惊，急忙命梁据邱持节前往军营，令穰苴宽免庄贾死罪，景公随后驱车赶来。这一切都已晚了，不等梁据邱走到军营，庄贾的首级已经挂在辕门外。梁据邱心急如焚，进入军营大门时竟然没有看到。这时，穰苴又一声喝令军士将梁据邱阻住，并再问军政司："按军纪，军营之内，不得骑马驾车，梁据邱身为主上使者，违犯军令，该当何罪？"军政司再次回答说："应斩首。"梁据邱吓得面如土色，跪地求饶说："我是奉国主之命前来，一切不干我的事呀！"穰苴说："既然是奉国主之命，可以不斩首，但军法不可废，应毁车斩马，以代死罪。"梁据邱不敢再狡辩。

三军将士见穰苴如此执法如山，一个个不寒而栗。一时间，军容严肃，军威大振，穰苴的兵马还没走出国境，晋军就已经望风退走，燕军也渡河北归，穰苴领军乘胜追击，杀敌万余，燕军大败，愿意缴纳金银财物向齐国请和，齐军胜利回国之时，齐景公亲自前往郊外犒劳三军，并拜穰苴为大司马，掌管全国兵权。

【三十六计】 **第二十七计　假痴不癫**

 原文　宁伪作不知不为，不伪作假知妄为①。静不露机②，云雷屯也。

 注释

①宁伪作不知不为，不伪作假知妄为：宁愿假装不知道而不贸然行动，也不假装知道而轻举妄动。②机：机巧、机密。

译文

宁愿假装不知道而不轻易行动，也不假装知道而轻举妄动。沉着镇定，不泄露任何机密。就像雷霆突然暴发，给予敌人难以预料的打击。

计谋应用

司马懿装痴

　　三国时期，魏国国主魏明帝去世，年仅8岁的曹芳继位，大权落在太尉司马懿和大将军曹爽两人手里，曹爽是皇亲国戚，他无法忍受与异姓的司马氏分享权力。经过策划最终夺了司马懿的兵权。

　　司马懿在魏国的建立上可谓费尽心机，他南征北战，如今却大权旁落，心中非常憋屈，但此时曹爽的势力非常强大，一时间根本无法与他争斗。于是，司马懿称病不再上朝，曹爽对此十分满意。曹爽对此也明白，司马懿是他执掌政权的唯一对手。一次，他让亲信李胜前去司马家探听情况。

对此，司马懿早有准备，李胜被引到司马懿的卧室，只见司马懿病容满面，头发散乱，躺在床上，两名侍女在一旁服侍。李胜说："很久没来府上，真不知道您病得如此严重。现在我被命为荆州刺史，特地前来向您辞行。"司马懿假装听错了，说道："并州是近境要地，一定要将那里的防务抓好。"李胜忙说："是荆州，不是并州。"司马懿依旧装作没听懂。这时，两个侍女给他喂药，他吃得非常艰难，汤水还从口中流出。他假装有气无力地说："我已经快要死的人了，我死之后，请你转告大将军，一定要多照顾一下我的孩子们。"

李胜回去后将看到的一切告诉了曹爽，曹爽高兴地说道："只要司马懿一死，我就没有什么好担心的了。"

公元249年，天子曹芳要去济阳城北扫墓，祭祀祖先。曹爽亲自带领3个兄弟和亲信等护驾出行。

司马懿知道这个消息后，连忙调集家将，召集过去的老部下，快速占领了曹氏兵营，然后进宫威逼太后，要求废除曹爽这个奸贼。太后无奈，只得同意。司马懿又派人占据了武库。

等到曹爽闻讯回城，大势已去。司马懿将曹爽一家诛杀后，自己独揽大权。

孟德青梅煮酒论英雄

东汉末年，曹操挟天子以令诸侯，其势力非常大；刘备虽然当时已经贵为皇叔，却势单力薄，为了躲避曹操的谋害，不得不在住处后园种菜，亲自浇灌，以显示自己没有什么大志。关云长和张飞看到刘备如此，都以为刘备不想干大事。

一天，刘备正在菜园浇水，忽然听到曹操派来的人请刘备前往，刘备只得胆战心惊地一同前往入府见曹操。曹操不动声色地对刘备说，"在家做的大好事！"刘备被曹操突如其来的责备吓得面如土色。却忽然又听曹操转口说，"你学种菜，不容易。"这时刘备才稍稍放心下来。曹操说："刚才看到园内枝头上的梅子青青，恰逢煮酒正熟，所以邀你到小亭一会。"刘备听后心神方定。跟随曹操前往小亭，只见已经摆好了各种酒器，盘内放置了青梅。曹操与刘备将青梅放在酒樽中煮起酒来了，二人对坐，开怀畅饮。没过多久，突然阴云密布，大雨将至，曹操大谈龙的品行，又将龙比作当世英雄，问刘备，

你说说当世英雄都有谁，刘备装作胸无大志的样子说了几个人，曹操却一直摇头。

此时的曹操正想打探刘备的心理活动，看他是否想称雄于世，于是说："英雄必须胸怀大志，腹有良谋，有包藏宇宙之机，吞吐天下之志者也。"刘备问："如此，谁又能称为英雄呢？"曹操大笑着说："此时天下英雄，只剩下你和我！"刘备听后万分吃惊，不觉间手中的筷子滑落。正巧天空闪电与狂雷乍起，刘备从容地低下身拾起筷子，说从小就怕雷声，怕得要死。曹操问："英雄可立天地，何惧雷声？"刘备说："天意难违。"从此曹操认为刘备只是胸无大志的庸人。

【三十六计】 **第二十八计　上屋抽梯**

原文　假之以便，唆之使前①，断其应援②，陷之死地。遇毒，位不当也。

注释

①假之以便，唆之使前：故意露出破绽，让敌人占些便宜，引诱他们深入我方的埋伏地。②应援：后援前应。

译文

假如我军给敌方以某种便利，诱使敌人进入我军的埋伏地，然后再截断其应援之路，就能将敌军逼入死地。这是从噬嗑卦象辞"遇毒，位不当也"一语中悟出的道理。

刘琦抽梯哀求孔明

东汉末年，诸侯并起，天下大乱。荆州刺史刘表的儿子刘琦因为一直受到继母的压迫，恐怕遭陷害，向刘备求救。刘备让刘琦前去找诸葛亮为他想出脱身的办法。这天，诸葛亮来到刘琦家中，刘琦哀求诸葛亮说：继母好多次都想办法陷害我，不将我杀了她是不会善罢甘休的，眼下我的处境十分险恶，还请先生相救一二。诸葛亮说：这件事关系到离间你们母子之情，恐怕说出去不好，表示拒绝。刘琦便强邀请诸葛亮进入密室之中，一边饮酒，一边仍缠住诸葛亮不放。可诸葛亮仍旧没有答应刘琦的请求。这时，刘琦见如此下

去不会有什么好结果，便话锋一转对诸葛亮说：我的住室楼上藏有一部古籍，请先生观赏一番如何？诸葛亮天生爱看书，忽然听说有部罕见古籍，非常高兴，便答应了。说着便跟随刘琦登上一间小楼，到了楼上，发现四壁什么都没有，便问刘琦书在何处。这时刘琦便双膝跪下，承认自己是事出无奈才把诸葛亮骗上楼来，一定请他指点出路，拯救性命之危。诸葛亮埋怨刘琦不应该这样做，便要下楼离去，可楼梯居然没了。这时刘琦便又再三哀求说：先生最担心的是事情泄露，现在，这里上不着天，下不着地，出君之口，入琦之耳，再不会有任何人知道，您应该可以赐教了，说着又要拔剑自刎。诸葛亮见刘琦如此恳求，便让他借鉴历史上"申生在内而亡；重耳在外而安"的经验，利用黄祖刚刚去世，江夏一时无人守御的机会，向刘表请求屯兵江夏，如此便可离开继母，脱离危险，而且在江夏又可手握重兵，对于大局也有所照顾。

【三十六计】 第二十九计　树上开花

 原文　借局布势，力小势大①。鸿渐于陆，其羽可用为仪也。

 注释

①借局布势，力小势大：借助外界力量布成有利的阵势，可以使弱小的力量形成强大势力。

 译文

借助外界力量布成有利阵势，可以使弱小的势力显得强大。好比鸿雁长了丰满的翅膀一样。

计谋应用

李园计除春申君

　　战国时期，楚考烈王没有儿子，春申君为这件事非常忧愁，于是多处寻找能宜生儿子的妇女进献给楚王，虽然进献了不少，却始终没生出儿子。赵国李园带着自己的妹妹到达楚国，打算把他的妹妹进献给楚王，又听说楚王不宜于生育儿子，怕时间一长不能受宠。李园便先让妹妹做了春申君的侍从，没过多久他请假回家，又故意延误了返回的时间。回来后前去拜见春申君，

春申君问他为何到现在才回来，他回答说："齐王派使臣来求娶我的妹妹，由于我跟那个使臣饮酒，所以耽误了返回的时间。"春申君问道："订婚的礼品送了吗？"李园回答说："还没有呢。"春申君又问道："令妹可否让我一看？"李园说："当然可以。"于是李园就把自己的妹妹献给了春申君，并立即得到春申君的宠幸。后来李园得知自己的妹妹怀孕了，就同他妹妹商量了进一步的打算。李园的妹妹找机会对春申君劝说道："现在楚王如此宠信您，如今您任楚国宰相已经20多年，可是大王没有儿子，如果楚王寿终之后将要改立兄弟，楚国换了国君，他也就会选择自己的亲信担任要职，您又怎么能长久地得到宠信呢？现在，您身处尊位执掌政事多年，对楚王的兄弟们有或多或少的失礼之处，楚王兄弟如果被立为国君，那么您还能保住宰相大印和江东封地呢？现在只有我自己知道我怀孕了，别人谁也不知道。我得到您的宠幸时间不长，如果您将我进献给楚王，楚王一定宠幸我；我仰赖上天的保佑生个儿子，这就是您的儿子做了楚王，楚国以后也就是您的了，这与您身遭意想不到的殃祸相比，哪样好呢？"春申君沉默了许久，然后就把李园的妹妹送出家门，严密地安排在一个住所便向楚王称说要进献李园的妹妹。楚王将李园的妹妹召进宫对她非常宠幸，于是生了个儿子，立为太子，又将李园的妹妹封为王后。渐渐地楚王开始器重李园，于是李园参与朝政。

李园担心在这个时候春申君说露秘密而更加骄横，就暗中养了一批刺客。打算将春申君灭口。

春申君担任楚国宰相的第25年，楚考烈王病重。朱英对春申君说："世上有不期而至的福，又有不期而至的祸。现在您处在生死无常的世上，事奉喜怒无常的君主，又怎么能会没有不期而至的人呢？"春申君问道："什么叫不期而至的福？"朱英回答说："您在楚国担任宰相20多年，虽然名义上是宰相，实际上整个楚国都是由你掌控。现在楚王病重，很快就会死去，您辅佐年幼的国君，因而代他掌握国政，如同伊尹、周公一样，等君王长大再把大权交给他，不就是您不称王而据有楚国？这就是所说的不期而至的福。"春申君又问道："什么叫不期而至的祸？"朱英回答道："李园在进入朝廷为官后，他不管兵事却养了一批刺客，楚王一死，李园一定会第一个进入宫中夺权并要杀掉您灭口。这就是所说的不期而至的祸。"春申君接着问道："什么叫不期而至的人？"朱英回答说："你如果安排我做郎中，楚王一死，李园一定会第一个入宫，我替您杀掉李园。这就是所说的不期而至的人。"

春申君听了后说："您要放弃这种打算。李园是一名软弱之人，我对他很友好，况且事情不会发展到这个地步！"朱英知道自己的进言不被采用，恐怕祸患殃及自身，便收拾行装逃离了。

这件事过了17天，楚考烈王去世，果然李园第一个进入宫中，并在棘门埋伏下刺客。春申君进入棘门，李园秘密养的刺客刺杀了春申君，将他的头斩下，扔到棘门外，同时派兵将春申君家满门抄斩。李园妹妹生的儿子后来被立为楚国国君，是为楚幽王。

【三十六计】第三十计 反客为主

 原文

乘隙插足，扼其主机^①，渐之进也。

 注释

①扼其主机：掌握要害。

 译文

等待对方露出破绽，插足其中，然后掌握其首脑机关，这是循序渐进的结果。

计谋应用

李渊反客为主

　　隋炀帝登基的第3年，李渊与突厥联合，率军3万从太原出发，打着尊立代王的旗号，率领义军向关中进军。大队人马行到贾湖堡处，因为遇到大雨，不能行军，只得暂时驻扎下来。这时，李渊接到军报：魏公李密率领数十万，历数隋炀帝10大恶状，布告天下，起兵反隋。李渊听到这个消息后非常吃惊，便与儿子李世民商量对策。李世民说道：此时李密兵多将广，士气高昂，不宜与之对敌，不如暂且与他联络，也可使我军免除后顾之忧。李渊同意李世民的计策。即命记室温大雅给李密写信，希望双方同盟，共图大事。信送去不久，便收到李密回信。李密言辞傲慢，虽然表示愿意结为同盟，但李密

要做盟主，并要李渊亲自率兵去河内缔结盟约。李渊父子二人看了李密的回信，心中愤恨。但李渊转念一想，迫于势力悬殊，还是忍让为好，便又对李世民说道：如此狂妄自大之人，就算订了盟约也很难实行，但我们现在正进军关中，如果断然拒绝结盟，与他绝交，只会又增加一个敌人，现在我们应该忍一忍，先以卑谦之词对他大大颂扬一番，让他更加志气骄盈，将他的心稳住，这样既可以利用他为我军塞住河洛一线，牵制隋军，又可以使我军专意西征。等我们平定关中后，坚守不出，看着他与隋军鹬蚌相争，让我军坐收渔人之利，岂不更好？李世民对于父亲的计策很是同意，于是便再要温大雅给李密写信，信中对李密大肆称赞：现在天下大乱，急需要一名主人统一，您李密德高望重，这个主人非您莫属。我李渊年事已高，对您表示诚心拥戴，只希望您在登位之后，仍然封我为唐王就行……李密收到李渊的复信，高兴万分，满口答应李渊的要求。这样，李渊免除了东顾之忧，便带军一路西进。攻霍邑、临汾，直取长安。

李密自从与李渊结盟后，率兵东进，所到之处，攻城掠地，取得接连不断的胜利，除了东都仍旧被隋将王世充坚守受阻外，其余如永安、义阳、弋阳、齐郡等地，以及赵魏以南、江淮以北所有揭竿诸军都望风归附。于是，李密开始强攻东郡，与王世充作最后决战。这时，唐高祖李渊也派李世民、李建成领兵来到东都，名义上是来增援的，实际上是来争地盘的。李密进攻，李世民和李建成派兵从中阻挠，由此东都攻了很久都无法取得胜利。

正当李密踌躇满志，打算将东都攻下后便自立为王时，却因他骄傲自大，刚愎自用，不听贾润甫、裴仁其与魏征等人劝告，以致两次中了王世充的诡计，东都城下之战竟然大败。数十万大军仅剩2万人马跟随李密慌忙退入关内投奔唐王李渊。

当时李密心想，李渊念曾经结盟之情和灭隋之功，分封自己，说不定哪天还可以东山再起。这时早已反客为主的李渊却只封他一个光禄卿的闲职，另外还赐了一个邢国公的空头爵号，李密对此非常失望。

李密没有得到重用，心中十分不满。李渊对于这一切心中有数，但表面上对李密非常好，称李密为弟弟，并把舅女孤独氏嫁给李密为妻，也想是稳住他的心，这并不能满足李密，没过多久，李密便与王伯当勾结，起兵反唐，结果被唐将彦师打败，全军覆没，李密、王伯当也都被杀死。

晁盖入梁山，反客为主

中国四大名著《水浒传》中有这样一节，晁盖、吴用等7位英雄好汉因劫取生辰纲事发，而去投奔梁山泊时，梁山泊寨主王伦待他们如宾客，为他们安排客馆歇息。王伦是一名嫉妒贤能之人，他怕这伙人的势力会超过他，吴用看出这一点，担心王伦不会收留他们。后来吴用发现林冲对王伦的态度非常不满，吴用便想通过林冲改变这一态势。

　　第二天聚会时，酒至半酣，王伦派人拿来重金，说自己这里东西有限，是一块小地方，无法容下这些武林豪杰，请晁盖等人另谋出路。晁盖便说："我们几人久闻大山招贤纳士，所以特地前来投奔，如果真有不便，我等众人自行告退。"林冲见状非常生气地大声说："曾经我上山时，你也是如此推脱，今日晁盖与众豪杰到此山寨，你又是如此，是何道理？"吴用便说："林头领请息怒，这一定是我们来的不是，不可因为我们而坏了山寨头领的情谊。我们走便是了。"林冲内心怒火更旺："此人嫉妒贤能，我今天一定不能放过他。"吴用又说："只是因为我们前来山寨投奔，才坏了众头领的情谊，今天我们就会收拾离开。"晁盖等7人起身便要走。林冲生气至极，随即抽出一把刀，吴用上前假装劝仗，其他豪杰也趁势守住其他头领，林冲抓起王伦大骂："你这嫉贤妒能的贼，不杀了，留着你有什么用，你也没有大肚量，大才能，如何做得了这山寨的主人？"

　　林冲说完，一刀结束了王伦的性命。王伦死后，林冲提议立晁盖为山寨之主。

第六套　败战计

败战计包括美人计、空城计、反间计、苦肉计、连环计、走为上计。

败战计是作战中敌众我寡的一种战略现象，也就是自己处于劣势、被动和其他许多未知因素，使自己很难挽回败局。但胜败乃兵家常事，只要不因此丧失斗志，束手待擒，就随时有东山再起或其他想象不到的转机。

【三十六计】第三十一计　美人计

 原文　兵强者，攻其将，将智者，伐其情[①]。将弱兵颓，其势自萎。利用御寇，顺相保也。

注释

①伐其情：打击敌人的情绪。

 译文

对付势力强大的敌人，要先攻击他的将帅，对明智的敌人，就打击他们的情绪。利用敌人内部的弱点，就可以有效地保护自己。

277

计谋应用

辛西亚色诱布鲁斯

第二次世界大战时，有一名女间谍名叫辛西亚，在英国情报机构服务，她以美妙的姿色和非凡的智慧与勇气，获取了敌国大量的政治、军事情报，为英国在第二次世界大战期间的行动方向立下了汗马功劳。

1910年，辛西亚出生于美国，1937年以后，成为一名专业的英国情报员。她的工作使指挥英国间谍活动的斯蒂芬森非常满意。不久，斯蒂芬森命令辛西亚想办法将法国维希政府驻华盛顿大使馆和欧洲之间定期往来的全部邮件传到英国，也就是全部信件和电报。

使馆负责新闻工作的布鲁斯是个40多岁的中年男子，1940年曾经与英国皇家空军有过良好的关系，他效忠维希政府，但对于德国人，他非常不喜欢。辛西亚决定以一个同情法国维希政府的美国女记者的身份，要求采访维希政府驻美大使，如此便可以先找到负责新闻司务的布鲁斯上尉，然后与他取得联系。

一天，经过特意打扮的辛西亚来到法国驻美使馆，见到布鲁斯，她的气度和美貌很快吸引了布鲁斯。第二天，布鲁斯派人送来了鲜花和请柬，邀请辛西亚共进午餐。以后，辛西亚又在自己的寓所招待布鲁斯，很快两人就打得火热。

但是，由于布鲁斯对于自己的工作始终守口如瓶，辛西亚一时间根本无法获得有关情报，守在纽约的斯蒂芬森非常着急。

正在这时，维希政府为了紧缩财政开支，决定裁减外交人员，布鲁斯也正在这一行列。布鲁斯对于这一切非常不满，请求大使继续留任他。最后，大使以只领一半薪水为条件答应了他的请求。布鲁斯早已过惯了上流社会生活，忽然间少了一半薪水，他无法支撑，而且他还是有家室的人。无可奈何的布鲁斯决定回国。辛西亚向上司报告了这一情况，上司最终决定英国情报机关出钱，通过辛西亚去"补助"布鲁斯的薪俸，让他继续担任原职，有朝一日，为英国做事，辛西亚找到布鲁斯，并告诉他自己已经迷恋了他，离不开他，希望他继续留在使馆任职，并暗示，她可以在经济上帮助他。聪明的布鲁斯这时开始怀疑辛西亚的动机，并向她提出种种疑问，这时辛西亚索性孤注一掷，承认自己是在为美国情报机构做事，需要布鲁斯的帮助。并说只有这样，他们才能始终待在一起。

布鲁斯考虑了一番，答应了。从此布鲁斯便忠实地为辛西亚提供她感兴趣的信函、电报、文件及其他情报。

1942年底，丘吉尔政府决定攻击北非地区和马达加斯加，急需要获得维希政府海军的通讯密码。斯蒂芬森将这个任务交给了辛西亚。这种密码共有几大巨册，密藏在机要室的保险柜里，除了大使与负责密码的军官，其他人根本就无法看到；当辛西亚将这个任务告诉布鲁斯时，布鲁斯非常吃惊，连连摇头，说这是异想天开。于是，辛西亚只好自己去找译电员，译电员是一名年轻的伯爵，十分狡猾，从辛西亚那里得到"好处"后，没有帮助她，还将她告发了。辛西亚出现问题，布鲁斯也定会受到牵连。于是，布鲁斯只好与辛西亚同舟共济，先发制人，向大使告发那位伯爵对辛西亚有非分要求，遭到了辛西亚的拒绝；还说伯爵在背后散布大使的桃色新闻，大使非常恼怒，一气之下，把伯爵调离了机要室。

如此，辛西亚、布鲁斯才度过了这一难关。此后，布鲁斯坚定决心，协助辛西亚偷出密码，完成了上司交给的任务。

王允设计杀董卓

东汉末期，汉献帝9岁登基，朝廷由董卓专权。董卓为人阴险暴虐，并有谋朝篡位的野心。满朝文武，对于董卓又恨又怕。

司徒王允忠于汉朝天子，担心董卓会趁势自立，便想办法杀董卓。董卓身旁有一名义子，名叫吕布，骁勇异常，忠心保护董卓。

王允对于这两人观察了很久，发现他们都是好色之徒。便打算以美人诱之，让他们互相残杀。王允府中有一歌女，名叫貂蝉。这名歌女，不但色艺俱佳，而且深明大义。王允对貂蝉说出诛杀董卓的计划。貂蝉为感激王允对自己的恩德，决定牺牲自己，为民除害。

在一次宴会上，王允对吕布说要将自己的"女儿"貂蝉许配给他。当貂蝉走来，吕布眼睛早已发直，如此一名绝色美人，他连忙点头应允。两人决定选择吉日完婚。

第二天，王允又请董卓来到府上，酒席筵间，要貂蝉献舞。董卓一见貂

蝉美色，心生占据之意。王允随即说："太师如果喜欢，我便将这名歌女奉送给太师。"董卓假意推让一番，就高兴地将貂蝉带回府中去了。

吕布知道后愤怒异常。有一天，董卓上朝，忽然发现吕布没在自己身后，心生疑虑，马上赶回府中。在后花园凤仪亭内，吕布与貂蝉抱在一起，董卓怒火中烧，用戟朝吕布刺去。吕布怒气冲冲地离开太师府。

王允发现时机成熟，便邀请吕布前往自己府上密室商议。王允大骂董贼强占了女儿，夺去了将军的妻子。吕布说："不是看我们是父子关系，我真想割了他的首级。"王允忙说："将军错了，你姓吕，他姓董，算什么父子？再说，他抢占你的妻子，用戟刺杀你，哪里还有什么父子之情？"吕布说："感谢提醒，我吕布不杀老贼誓不为人！"

王允见吕布已下决心，他立即假传圣旨，召董卓上朝受封。董卓耀武扬威，进宫受封。忽然，吕布走出，一戟将董卓刺死。

第三十二计　空城计

 虚者虚之，疑中生疑[1]。刚柔之际。奇之复奇。

 注释

①虚者虚之，疑中生疑：兵力空虚时，就将这一切更加明显地显示出来，使敌人在疑惑中更加疑惑。

 译文

原本就兵力空虚，故意将空虚之处显露给敌人看到。使敌人不知底细，怀疑我方是不是暗藏了伏兵。在敌我力量悬殊的情况下，采用这种计谋，显得更加奇妙。

计谋应用

叔詹以智退楚军

公元前666年，楚文王去世后，王后息妫是一位绝色美人，楚文王的弟弟公子元渴望讨得嫂嫂的欢心，在息妫寝宫附近的馆舍中日夜歌舞。息妫得知这一切后说："我的丈夫文王，没有向国外用兵，导致各个国家对我们不满。阿督身为令尹，不重振国威，却天天沉醉于靡靡之音中，真让人为国家的前途担忧啊！"公子元便想通过楚国的武力，讨好嫂嫂，决定带领军队前去打几个胜仗。于是，他率领大军去攻打邻邦郑国。

郑国兵力无法与楚国相比。面对来势汹汹的楚军，郑文公异常惊慌，连忙召集大臣商议。很多大臣表示，郑国根本与楚国无法相比，只有向楚国献城讲和才是。少壮派世子华则主张跟楚国硬拼。只有叔詹沉思不语。郑文公在叔詹的意见时，叔詹说："以前，楚国出兵，从来没有像今天这样大的规模，据我所知，公子元这次出兵，就是为了讨好他的嫂嫂，没有什么政治目的。楚兵如果来了，我自有退敌的办法。"

没过多久，楚军先头部队越过市郊，直指皇城。叔詹下令军队统统埋伏在城内，将城门大开，街上商店照常做买卖，百姓来来往往，熙熙攘攘，秩序井然，根本没有一点儿战争将要到来的气氛，楚军先行官见到这番情景，大大出乎意料，料定城中早有防备，是在故意诱敌深入，先行官非常疑惑，不敢率军杀进城中，下令就地扎营，等候主帅的指示。

公子元率领主力到达后，听了先行官的报告，疑惑不解，走到一个高地向城内眺望，见城内秩序井然，好像有埋伏，心里徘徊。他想到，郑国与齐、宋、鲁有盟约，眼下城内有埋伏，万一不能取胜，齐、宋、鲁援军一到，前后夹击，楚军失利，不但不能在嫂嫂面前显露自己的军事才能，会更加让嫂嫂瞧不起。再说这次出兵，已攻下几个地方，几天之间，就打到郑国都城，也算是打了胜仗，讨好嫂嫂、炫耀武力的目的已经基本达到，于是见好就收，下令撤军。

诸葛亮摆空城计

三国时期，诸葛亮因错让马谡守街亭，而丢失了这一战略要地，魏将司马懿趁势引大军15万向诸葛亮所在的西城蜂拥而来。当时，诸葛亮没有大将，只有一班文官和5000军队，这5000军队也有一半运粮草去了，只剩2500名士兵在城里。众人得知司马懿带兵前来都大惊失色。诸葛亮登上城楼观望了一下司马懿的位置，对众人说："大家不要惊慌，我已经有了退敌的计策。"

诸葛亮命令军士将所有的旌旗都藏起来，士兵原地不动，如若有人敢私自外出或是大声喧哗的，立即斩首。又让士兵将四个城门全部打开，每个城门之上派20名士兵扮成百姓模样，洒水扫街。诸葛亮则带领两个小书童，带上一张琴，到城上望敌楼前凭栏坐下，燃起香，然后慢慢弹起琴来。

司马懿的先头部队到达城下，见到如此场景，没有人敢轻易入城，便急忙返回报告司马懿。司马懿听后非常疑惑，便令三军停下，自己飞马前去观看。他果真看到诸葛亮端坐在城楼之上，笑容可掬，正在焚香弹琴。左面一个书童，手捧宝剑；右面也有一个书童，手里拿着拂尘。城门内外，有20多名百姓镇定自若地低头洒扫。司马懿看后，更加疑惑。根据司马懿的了解，此时诸葛亮身边应该没有军队，可是诸葛亮一生谨慎，如此他内心的疑惑更甚。便来到中军，令后军充作前军，前军作后军撤退。司马懿的儿子司马昭说："难道是诸葛亮家中无兵，故意摆出如此阵势，父亲您为什么要退兵呢？"司马懿说："诸葛亮平生谨慎，从来没有冒过险。现在城门大开，里面必有埋伏，我军如果进去，正好中了他们的计。

【三十六计】第三十三计　反间计

 疑中之疑①。比之自内，不自失也。

 注释

①疑中之疑：在疑阵之中再布下一道疑阵。

 译文

在疑阵中再布下一道疑阵，就能使敌人的阴谋为我所用。这就是《易经·比》卦所说的互相依赖的道理。

计谋应用

胡宗宪捉海盗

嘉靖时期，浙江沿海一带常常有海盗进犯，对当地的危害非常大。其中徐海、陈东和麻叶是最大的三股海盗。当时总督沿海军务的兵部侍郎胡宗宪，决定采取招抚和离间并用的策略，消灭这些海盗。

夏正是胡宗宪的心腹，他接到胡宗宪命令，前往徐海驻地。夏正献上礼品，对徐海说："足下奔波海上，怎么能够与安居内地相比，屈作倭奴，怎么能比得上贵为官僚？"徐海听完沉默不语。夏正有装作非常神秘地向徐海耳语道："陈东已与胡总督密约，前去归降，不过胡总督恐怕陈东这个人会反复无常，故寄希望于你。只要你将陈东、麻叶二人绑了之后，归顺朝廷，胡总督就上奏皇上，赐你世袭爵位。"一直对此时犹豫不决的徐海又派人打听陈东的消息。陈东因为已经知道徐海接待了朝廷的使者，所以对陈东的使者冷言相讥。使者回报徐海，徐海确定陈东已经投降朝廷。

没过多久，徐海图陈东不成，偶然的机会却让他抓住了麻叶，徐海派人将麻叶送往胡宗宪的大营。胡宗宪对麻叶盛情款待，并让他致书陈东，一同进攻徐海。但是，胡宗宪没有派人将这封信送给陈东，而是叫夏正送给徐海。徐海看到这封信后气得大骂，到倭寇首领萨摩王处告状。在萨摩王的帮助下，徐海将陈东捆绑，并亲自押陈东来见胡宗宪。

胡宗宪赏赐了徐海，并对他大大夸奖了一番，并让他带兵驻扎东沈庄。徐海走后，胡宗宪对陈东说："你的势力与智谋不比徐海差，怎么被他抓住了呢？我并不想害你，而且还让你屯驻西沈庄。"陈东将军队驻扎在西沈庄后，便开始攻打东沈庄的徐海。交战数日，不分胜负。当徐海明白了胡宗宪的计谋后，准备撤兵时，胡宗宪的大队兵马赶到，徐海寡不敌众，伤亡惨重，他本人淹死在河中。西沈庄的陈东也四散逃命去了。

温峤离间钱凤

　　东晋时期，权臣王敦狂妄自大，从来不把朝廷放在眼里，温峤自然也成了他的眼中钉。温峤知道王敦以后一定会反叛朝廷，于是对王敦极尽恭维，又加入他的阵营为他出谋划策，共同对付朝廷。王敦本人志大才疏，视温峤为知己。但是，王敦手下有个温峤非常害怕的人物钱凤，王敦对于钱凤的话可谓是言听计从。温峤投钱凤所好，着意与之结交，可是钱凤是个聪明人，

表面上与温峤亲热无间，内心却常常戒备。温峤深知自己瞒不过钱凤，但身处如此的境地，他又无可奈何。

王敦谋反的准备已经完毕，此时的温峤心急如焚，他无法脱身向朝廷汇报。正好丹阳太守空缺，这个职位非常关键，需要心腹人士前去担任。王敦向温峤请教谁适合任此要职。王敦以退为进，向他推荐钱凤，王敦又把钱凤找来，当面询问意见，钱凤推脱说温峤比自己合适。这时温峤故意推之再三，王敦当场决定温峤担当此职。

虽然温峤非常高兴，但还是无法把握钱凤这个人，他估计自己走后钱凤就会向王敦告密，再加上钱凤这个人非常有谋略，于是下定决心非把钱凤离间了不可。在温峤的送别宴会上，温峤离开自己的坐席走到每位客人的身边敬酒。当他来到钱凤身边的时候，还没等他喝，温峤忽然将酒杯摔在地上，满显醉态地骂道："你钱凤何等人，我温峤敬的酒你都敢不喝？"钱凤以为温峤喝醉了，对此也没有在意，由此宴会不欢而散。

温峤脱身以后，钱凤果然向王敦告密，说温峤一直都是朝廷的人，他投靠我们一定有二心。王敦那天在宴会上看到了这一幕，对此他不但不信，而且渐渐疏远了他。后来温峤回到朝廷，将这一重大消息告诉了皇帝。

【三十六计】 第三十四计　苦肉计

 原文 人不自害，受害必真。假真真假，间以得行①。童蒙之吉，顺以巽也。

注释

①假真真假，间以得行：将假的做成真的，将真的做成假的，那么离间计就可以实行。

译文

没有人会自我伤害，如果他受害必然是真情。可以利用这种常理以假作真、以真作假，如此离间计便可以实行了。幼稚蒙昧的人之所以吉利，是因为他柔顺服从。

计谋应用

要离杀庆忌

　　春秋战国时期，姬光利用专诸将吴王僚杀死，自立为吴王，这就是阖闾。吴王僚有个儿子名为庆忌，此人武功高强，而且勇猛至极。

　　父亲被杀后，庆忌在外逃亡，四处收罗人马，准备报杀父之仇。阖闾异常担心，便打算找人前去行刺庆忌，可一时又没有合适的人选。阖闾的大夫伍员介绍了要离。

　　阖闾见到要离后，发现此人身高不足五尺，腰大貌丑，感到非常失望。伍员介绍说："要离虽然其貌不扬，但机敏过人，且对吴王十分忠诚，可以被重用。"阖闾相信伍员的话，与要离密谈。阖闾问要离有何妙计刺杀庆忌。

　　要离说："此时庆忌正打算招一批亡命之人，为父亲报仇，我打算诈称是"罪臣"去投奔他，但为了让他相信我，请大王斩断我的右手，杀死我的家人，如此我便能得到庆忌的信任，因而也就可以乘机行刺了。

　　阖闾不忍心斩掉要离的右手，更不忍心杀死他无辜的家人，但看到要离的态度如此坚决，而且，阖闾思考良久，感觉再也找不到好的方法，便同意了。

　　第二天，伍员与要离走上朝堂，当着文武百官的面，保荐要离为将军，率军攻打楚国。阖闾闻奏，愤怒地对伍员斥责道："你保荐的这人身矮力微，如何能带兵打仗？"

　　要离当面顶撞阖闾："大王真是太忘恩负义了，伍员曾经为你安定了江山，你却不派军队替伍员报仇。"

　　阖闾大怒：这人竟敢当面顶撞羞辱寡人，命人将要离的右臂砍掉。并押进大牢，将他的妻子也一并关押起来。伍员叹息着走出朝堂，群臣一时都感觉莫名其妙。

　　过了几天，伍员让人放松了对要离的监视，要离越狱逃跑了，阖闾便下令把要离的妻子斩首示众。

　　要离听说庆忌在卫国，便跑到卫国求见庆忌。庆忌担心他是来骗取自己的，不肯收容，要离便脱掉衣服给庆忌看那只被斩断了的右臂。正当庆

忌还在怀疑之时，庆忌的心腹又来报告要离的妻子被斩的消息，庆忌再也没有了什么顾虑。要离向庆忌表示自己与他一样有复仇的决心，并愿意充当向导。

3个月后，要离向庆忌进言出兵，水陆并进，杀往吴国。庆忌与要离同乘一条船，要离趁庆忌到船头观看船队的机会，一戟刺在了庆忌的心窝上。

孙膑诈疯魔

战国时期，孙膑与庞涓一同在鬼谷子门下共同学习兵法，两人曾是八拜之交，结为生死兄弟。庞涓为人刻薄寡恩，孙膑则忠厚谦逊。

后来，庞涓前往魏国做官，拜为军师，屡建奇功，名声大振。在他荣耀至极之时，他的内心也惶恐不安，他对孙膑有忌讳。曾经庞涓与孙膑发过誓：不管两人谁先飞黄腾达，一定要举荐另一人。庞涓认为孙膑有祖传《孙子十三篇》，才能超过自己，一旦有机会，便会压倒自己，所以始终不予举荐。

后来孙膑得到墨翟的推荐，也进入了魏国。鬼谷子深通阴阳之术，算知孙膑之前途得失；但天机不可泄露，只是将他的原名孙宾改为孙膑，并给予锦囊一个，嘱咐孙膑说，不到万分危急不得拆开。魏王见了孙膑，便问他兵法之事，孙膑对答如流，魏王大悦，想拜为副军师，和庞涓一起共同执掌兵权。本来就不希望见到孙膑的庞涓说："臣与孙膑，同窗结义，孙膑其实是臣的兄长，怎么可以为副职？不如暂且拜为客卿，等有了功绩，臣定会让位，甘居其下。"于是魏王拜孙膑为客卿。

　　从此，庞涓与孙膑经常往来。心怀鬼胎的庞涓，打算除孙膑而后快，只想等孙膑传授了兵法再下毒手。

　　没过多久，两人摆演阵法，庞涓无法赢得孙膑，就迫不及待，阴谋陷害孙膑，便一面在魏王跟前说坏话，一面捏造证据，说孙膑私通外国。魏王对于庞涓的言论深信不疑，将孙膑的一对膝盖骨削去，又用针在孙膑脸上刺上"私通外国"四字，此时庞涓又是痛哭，又是敷药，又是安慰。

　　对于庞涓所做的一切，孙膑感激万分。庞涓便让孙膑将兵法写出，孙膑答应了。直到一天孙膑的近侍诚儿告诉他偶然听到庞涓说等孙膑写完兵法便立即不给你吃饭，要谋害你。孙膑才恍然大悟。知道自己无论写与不写，生命都将危在旦夕，立刻拆开师傅授予他的锦囊，只见有黄绢一幅，上写"诈疯魔"三字，这才长叹一声，依计而行。

　　晚饭开始时，孙膑刚刚举起手中的筷子，忽然扑倒地上，作呕吐状，一会儿又大叫："你为什么要毒害我？"接着将饭盒推倒落地，把写过的木简焚烧，语无伦次。诚儿不知道这是诈，慌忙前去告诉庞涓。第二天庞涓来看孙膑，发现孙膑满脸都是痰涎，伏地又哭又笑。庞涓问："兄长为何又哭又笑呢？"孙膑答："我笑魏王想害我性命，却不知道我头上有10万天兵保护，我哭的是魏国除我孙膑之外，无人可当大将。"说完，瞪眼盯住庞涓，又不停地大叫："鬼谷先生，你救我一命吧！"庞涓说："兄长你认错人了，我是庞涓。"孙膑拉住他的衣袍，乱叫"先生救我！"

　　现在庞涓认为孙膑是在装疯卖傻，想试探他是真是假，就命人把孙膑拖入猪栏。栏内到处是猪粪烂草，臭气熏天。孙膑披头散发，在屎尿中翻滚，有人送来酒食，说是瞒过军师偷偷送来的，哀怜先生被害。孙膑心知对方是诈，便大声骂道："你又来毒我吗？"把酒食全部打翻在地，使者顺手拾起猪屎及臭泥块给他，他连忙抓住送到口里吃了。庞涓得知，说："他已经真的疯

掉了，我们不需要再忧虑。"从此对孙膑不加防范，任其出入，只派人跟踪而已。

从此孙膑到处乱跑，他去哪连自己也不知道，更不用说前来跟踪的人。孙膑每天早出晚归，仍旧在猪栏睡觉，有时整夜不归，睡在街边或荒屋中，捡食污物，时笑时哭，看来是真疯了。

后来，墨翟云游到了齐国，住在大臣田忌家里，将孙膑被害的前后经过以及起因告诉了田忌，两人商定计谋；借出使魏国的机会，令一名侍从扮作孙膑，偷偷将孙膑载回。孙膑回到齐国，仍旧不让任何人知道自己的名字，也从来不上街走动，后来齐魏交战，孙膑大败庞涓。齐魏之役，庞涓被孙膑军队射杀于马陵道。

【三十六计】第三十五计　连环计

 原文　将多兵众，不可以敌，使其自累^①，以杀^②其势。在师中吉，承天宠也。

 注释

①自累：自相牵制。②杀：削弱。

译文

敌军兵强势大，不可以与他硬拼，应当想办法使他们自牵钳制，以削弱它的势头。正如《易经》师卦所说：将帅处于险象时，刚而得中，指挥巧妙得当，就能如同天神相助一样吉利。

计谋应用

智取生辰纲

晁盖、吴用、公孙胜等好汉在晁家庄聚集商议劫取生辰纲一事。这生辰纲是北京大名府梁中书庆贺东京蔡太师生辰的礼物，这个时候梁中书已经将这件事交给提辖杨志督14人将这批金银财宝押往东京。智多星吴用听说杨志一行人会从黄泥冈大路经过，便提出智取的办法，众人表示赞同。

一天中午，晁盖、吴用等7人装扮成贩卖枣子的山东人，在黄泥冈附近的松林里等候。没过多长时间，杨志一行人也风尘仆仆地赶到。由于天气炎热，所带的礼物又重，挑担子的禁军士兵感到又累又热，到这个冈子就放下担子，依靠着松树睡着了。杨志一直催促，无人理会，最终拿起藤条边骂边打，无奈众军汉精疲力竭，无法前行。突然，杨志发现对面松林中有人探头探脑张望，连忙提刀前去盘问，见是晁盖、吴用等几个做枣子生意的人在那里乘凉，也就没放在心上。

没过多时，又看到一名大汉挑着一担酒，边唱边走了过来。众军汉连忙问："桶里装的什么东西？"大汉答道："是白酒。"众军汉问过价钱后，就要凑钱买酒喝。杨志不许，说："我们公务在身，不可在路上贪酒。此时各种骗局比比皆是，我们不能不防，万一酒中有蒙汗药，那我们就完了。"杨志刚说完，对面林子里7个枣贩子走出来也想买酒喝。卖酒汉说："不卖不卖，我打算将酒挑到冈下村子里去卖。刚才那位客官硬说我酒中有药，你说好笑不？而且我这里也没有碗瓢。"7个汉子经过一会儿的纠缠终于买到了一桶酒。当下两人去林子里取出两个瓢，并且带了些枣子过来。7个好汉围在酒桶边，一边吃枣一边喝酒，惹得众军汉也特别想喝酒。

突然刘唐趁卖酒汉不注意，掀开另一桶酒的盖子，偷了半瓢酒，边喝边往林子里跑，卖酒汉发现后赶忙上前去追。这时吴用去松林取出蒙汗药，洒在瓢中，趁卖酒汉与刘唐争执时，又拿瓢伸进桶中，把药搅在酒里，并假意兜半瓢要喝。那卖酒汉回过头来，夺过瓢，把酒倒在桶里，并怒骂吴用抢他的酒喝。

杨志看两桶酒都被人喝过，以为没问题了，便同意众军汉买酒喝。众军又借了吴用的瓢，一哄而上，很快将酒喝光了，杨志也喝了少量的酒。卖酒

汉收过钱之后就挑着空桶下冈子去了。

不多时，7个枣贩子站在松树旁边，看着杨志一行15人一个个昏睡过去。然后枣贩子将金银财宝全装在车子上，一直向黄泥冈下推去。

俾斯麦巧计统一德国

从17世纪以来，德意志一直处于四分五裂的封建割据状态。到19世纪上半叶，普鲁士成为这些势力中最强的王国，俾斯麦担任普鲁士首相后，便打算以武力统一德意志。

当时的国际形势对于德国没有任何威胁。俄国在克里米亚战争中力量被削弱，一直没有恢复元气，奥地利因为在这场战争中没有支持俄国，反而与英、法缔结同盟，致使俄、奥关系不和。法国的力量比较强大，英国担心法国会独霸欧洲，于是支持普鲁士，牵制法国。法国则希望普奥之间交战，准备在两败俱伤后坐收渔利。俾斯麦看清了形势，决定采用连环计，施展外交手段，挑起各国矛盾，然后再一个个进行击破，扫清统一德意志的外部障碍。

奥地利为德意志各王国中力量很强的一个邦，明里暗里与普鲁士争夺统一的领导权。俾斯麦将矛头对准了奥地利。1863年，丹麦军队开进德意志联邦成员国荷尔斯泰因公国和石勒苏益格公国。俾斯麦以此为借口，拉拢奥地利一起出兵。战争取得了胜利，普鲁士占领了石勒苏益格公国，俾斯麦把荷尔斯泰因公国送给了奥地利。

俾斯麦这次出兵的目的，第一，联合奥地利出兵是为了孤立奥地利，如果普鲁士发动对奥地利的战争，那么丹麦肯定不会援助奥地利。第二，俾斯麦在这次战争中摸清了奥地利军队的底细，从而为发动对奥地利的战争打下基础。第三，荷尔斯泰因从来就不属奥地利所有，也不和奥地利接壤，虽然给了奥地利，奥地利却很难在这里实施统治。

俾斯麦在战争前夕极力争取法国在这次战争中保持中立。为此他采取抛砖引玉的外交手腕，多次向法国暗示：在战争结束后，普鲁士将划给法国一定的领土。稳住法国后，俾斯麦与奥地利的仇家——意大利结成同盟，在1866年6月发动对奥地利的战争。

普鲁士军队对于这次战争准备很久了，在战争上势如破竹，奥军全线崩溃。

俾斯麦这时清醒地认识到，彻底打垮奥地利并不是目的，最后的目标是实现德意志的统一。法国在德意志的统一上一直持反对态度，是普鲁士最危险的敌人。他清楚地认识到应该适时结束对奥地利的战争，奥地利一定会感恩戴德，在普法开战后起码会保持中立。

俾斯麦说服了反对的大臣，主动撤兵结束普奥战争。俾斯麦在外交上进一步孤立法国。1870年7月19日，普法战争全面爆发。最后，法国全面失败。俾斯麦扫清了统一道路上的最后一个障碍，于1871年1月18日终于实现了自己的梦想，建立了统一的德意志帝国。

【三十六计】 第三十六计　走为上计

 原文　全师避敌^①，左次无咎，未失常也。

 注释

①全师避敌：全部军队避开敌人。

 译文

　　全部军队不避敌人。《易经·师》卦说：军队驻扎在左边并没有错，因为这合乎行军打仗的规律。所以这种以退为进的方法也适合于用兵法则的。

计谋应用

曹操：事情败露，一走了之

中平六年，当时年仅34岁的汉灵帝一病不起，皇位继承问题还没得到解决。灵帝一直徘徊在立刘辩或是立刘协之间，还没来得及做最后决定，他把刘协托付给蹇硕后便驾崩了。

灵帝一死，蹇硕将刘辩立为帝，封刘协为陈留王。新国舅、大将军何进杀死了蹇硕，并打算召凉州军阀董卓入京，彻底解决东汉后期最大的祸害宦官问题。

　　曹操听说了这件事后，打算去劝说几句，当他得知主簿陈琳等苦谏都无效时，知道自己再去劝说也无济于事，只能眼睁睁地看着灾祸来临。

　　果然，董卓还没有到洛阳，何进就被张让等宦官谋杀，袁绍兄弟率兵将宫殿包围，诛杀宦官。张让等人挟持太后、少帝和陈留王出逃。洛阳大乱。

　　董卓刚到洛阳，改立陈留王为帝，这就是东汉最后一个皇帝献帝。董卓担任太尉兼相国，独揽朝廷大权，为所欲为。

　　董卓一直听说曹操大名，便任命他为骁骑校尉。一天，司徒王允以做寿为名召集一些旧臣在府上聚宴，商讨铲除董卓的办法。大家都束手无策。

　　曹操说："近日来我委曲求全地与董贼周旋，得到了他的信任，听说您有一把七宝刀，我愿借刀杀贼，虽死无憾。"

　　第二天，曹操带着宝刀前往相府。董卓坐在床上闭目养神，吕布立在一旁。看见曹操进来，便问道："今天怎么来得这么晚？"

　　"马走得太慢。"曹操恭谨地答道。

　　董卓对吕布道："你前去选一匹西凉好马送给他。"

　　曹操进来之时还担心异常勇武的吕布在面前下不了手，巴不得他离开。吕布离开后，曹操又怕董卓力大，一直不敢轻举妄动，正犹豫间，董卓大概因为太胖坐久了不舒服，面向床里躺了下去。曹操一见大喜，连忙抽刀打算动手。不料董卓从穿衣镜的反光中看到了他的举动，厉声喝道："你想干什么？"

　　此时吕布已经回来，曹操恐慌中顺势跪下，将宝刀举过头顶："我祖传一把七宝刀，想献给恩相。"董卓将信将疑地接过刀，交与吕布收起。

　　曹操看出董卓已经起了疑心，就不动声色地说出去试马，然后以最快的速度离开了相府。他连家也不敢回，带着几个随从骗过东城门守卫，出城逃走了。